DENIS GRAVEL

HISTOIRE
DE LA
COMMISSION
SCOLAIRE
DU
SAULT-SAINT-LOUIS

DENIS GRAVEL

HISTOIRE
DE LA
COMMISSION
SCOLAIRE
DU
SAULT-SAINT-LOUIS

Méridien
ÉDITIONS DU MÉRIDIEN

COUVERTURE : Conception graphique: Jean-Marc Poirier
Photographie: Claude Tardif

ISBN 2-89415-000-8

© Éditions du Méridien — 1989

Dépôt légal 4ᵉ trimestre 1989 — Bibliothèque nationale du Québec

Imprimé au Canada

À Claudine,
Jean-Sébastien et
André-Philippe

AVANT-PROPOS

Fruit d'une collaboration entre la Commission scolaire du Sault-Saint-Louis, les Éditions du Méridien et la Société historique Cavelier-de-LaSalle, ce livre retrace les origines de l'enseignement catholique sur le territoire des villes de Lachine, LaSalle et Saint-Pierre.

La naissance de la paroisse des Saints-Anges de Lachine marque le point de départ des recherches de l'auteur, M. Denis Gravel. Dès 1680, une petite école ouvre ses portes grâce aux efforts du curé Pierre Rémy. Mais, M. Gravel s'intéresse plus particulièrement à la création des corporations scolaires. En 1846, il évoque la création de la municipalité scolaire de la paroisse Saint-Michel de Lachine, cette commission scolaire souche de la Commission scolaire du Sault-Saint-Louis.

À travers l'évolution de l'histoire de l'enseignement au Québec, le lecteur peut suivre la progression des commissions scolaires de LaSalle, de Lachine, du Très-Saint-Sacrement et de Saint-Pierre-aux-Liens. Lors de la fusion en 1973, elles forment un tout: la Commission scolaire du Sault-Saint-Louis.

À titre de présidente de la Société historique Cavelier-de-LaSalle, l'organisme responsable de la recherche, je suis très heureuse que se réalise aux Éditions du Méridien, l'Historique de la Commission scolaire du Sault-Saint-Louis. Le Méridien, une jeune et dynamique entreprise, a édité, en 1988, l'Histoire de Ville de LaSalle, une autre recherche supervisée par notre organisme. Je m'associe à l'auteur pour remercier tous les artisans qui, de près ou de loin, ont rendu possible la parution de ce livre. Je dois souligner l'apport essentiel de la Commission scolaire du Sault-Saint-Louis et l'étroite collaboration des employés et de la direction. Je ne voudrais pas oublier l'aide importante du gouvernement fédéral dans le cadre du programme de développement de l'emploi. Ainsi, la subvention obtenue, plus de 25 000$, nous permettait d'engager trois assistants à la recherche.

Enfin, je félicite M. Denis Gravel qui est non seulement l'auteur du livre mais le coordonnateur de toutes les phases du projet.

Diane Gallant,
Présidente de la Société
historique Cavelier-de-
LaSalle

REMERCIEMENTS

Cet ouvrage a été réalisé sur l'initiative de la Commission scolaire du Sault-Saint-Louis laquelle en a assuré le financement. Le député de la circonscription de Marquette, monsieur Claude Dauphin a également subventionné au nom du gouvernement, une partie de l'ouvrage. Monsieur Claude Lanthier, député de LaSalle-Émard en 1988, a apporté son aide pour l'obtention d'une subvention fédérale.

Ce livre n'aurait pu être achevé et le travail mené à terme sans l'apport de la Société historique Cavelier-de-LaSalle et de la Commission scolaire du Sault-Saint-Louis et des remerciements particuliers doivent être adressés aux membres du conseil des commissaires et de monsieur Pierre Gabrièle, directeur général à l'époque, qui ont autorisé non seulement la publication de l'ouvrage mais également la participation des membres de son personnel, messieurs Jacques Robidoux, Jean-Denis Clairoux et Rémi Poliquin.

La participation des membres d'un comité de relecture doit être souligné, et, en outre, des personnes ci-avant mentionnées, signalons l'apport à ce chapitre de messieurs Jean-Pierre Laferrière, Pierre Gabrièle, Emile Vézina, Raymond Rheault, Roland Boisvert, André Gélinas, Arthur Poirier et Léo Pétrin.

Au chapitre des recherches, mentionnons d'une façon toute particulière le précieux support de madame Claire Michaud, des archives de la commission scolaire. L'équipe d'assistants à la recherche ont contribué à la compilation sur fiches des procès-verbaux des réunions des commissaires d'écoles. Mesdames Denise Bisson, Claudette Côté et monsieur Gilles Lalonde ont accompli un très bon travail. De plus, madame Côté a révisé le manuscrit proposé aux Éditions du Méridien.

Les personnes qui ont l'amabilité et la courtoisie de nous permettre la consultation des archives dont ils sont responsables. Sans ces gens, notre recherche serait impossible:

— Archives de l'hôtel de ville de Lachine, monsieur Alain Cardinal et madame Francine Laberge;

— Archives du musée de Lachine, monsieur Jacques Toupin et madame Nathalie Mercier;

— Archives de l'hôtel de ville de LaSalle, mesdames Nicole Herby et Céline Morse;

— Archives du Séminaire de Saint-Sulpice à Montréal, monsieur Bruno Harel;

— Archives des sœurs de Sainte-Anne, sœur Louise Roy.

— Archives de la paroisse des Saints-Anges de Lachine, monsieur le curé Philippe Morin.

Plusieurs autres personnes ont donné de leur temps, les employés des bibliothèques de Lachine, de LaSalle et de l'hôtel de ville de Saint-Pierre et de la Commission scolaire du Sault-Saint-Louis.

La production des textes originaux en version dactylographiée est entièrement due à l'habilité et à la patience de madame Andrée Desgroseilliers, secrétaire à la Commission scolaire du Sault-Saint-Louis.

À tous, *merci!*

Denis Gravel

I– À LA DÉCOUVERTE D'UNE PETITE ÉCOLE À LACHINE

À l'origine le Sault-Saint-Louis évoque le temps lointain des découvreurs. En 1541, Jacques Cartier remonte le fleuve Saint-Laurent et se bute à un obstacle qu'il baptise le «Grand Sault». Au début du XVIIᵉ siècle, l'un des compagnons de Samuel de Champlain, de retour d'une expédition à l'île aux Hérons, se noie en tentant de franchir les rapides. À la mémoire de Louis, victime des flots impétueux, Champlain nomme le lieu: le Sault-Saint-Louis[1]. Au XIXᵉ siècle, la construction du canal de Lachine permet d'éviter cet écueil pour faciliter le commerce maritime. Le Sault-Saint-Louis est actuellement le nom d'une commission scolaire dont le territoire correspond aux frontières des villes de Lachine, LaSalle et Saint-Pierre.

Cavelier de Lasalle

L'arrivée de Cavelier de LaSalle[2] entraîne le développement d'une des plus vieilles paroisses de l'île de Montréal. René Robert Cavelier de LaSalle frère de Jean Cavelier, sulpicien à Montréal, obtient un domaine, un fief et une terre en censive des seigneurs de l'île, les Sulpiciens. Les limites des possessions de Cavelier de LaSalle sont en amont du Sault-Saint-Louis, principalement dans ce qui est devenu le quartier Highlands à LaSalle et près du canal de Lachine. Le fief de Cavelier de LaSalle sert d'avant-poste à Ville-Marie. Entre les années

1667 et 1669, la seigneurie de LaSalle est connue sous le nom de «Coste Saint-Sulpice» en reconnaissance aux propriétaires de l'île de Montréal. Cavelier de LaSalle cherche la fortune et, en janvier 1669, il vend une partie de sa terre en censive à Charles Le Moyne et Jacques Le Ber, son domaine à Jean Milot et le reste, il le rétrocède aux Sulpiciens.

Cavelier de LaSalle, homme aventureux, vend ses possessions pour financer son voyage en Chine. Il se vante de pouvoir découvrir le chemin conduisant en Chine. Son expédition comprend dès lors une flottille de neuf canots guidés par des Iroquois de la nation Tsonnontouans. Il atteint avec quelques difficultés le pays de ces Amérindiens près du lac Ontario. Il est accompagné par l'abbé Bréhant de Galinée. Mais un mal prend Cavelier de LaSalle qui doit rebrousser son chemin. Il revient à Montréal et son retour hâtif provoque l'ironie chez les habitants de Ville-Marie. Ainsi, Dollier de Casson se demande si la Chine ne s'est pas rapprochée considérablement de Montréal. Le toponyme «Coste Saint-Sulpice» perd ses lettres de noblesse et les lieux sont désormais appelés «La Chine»[3]. Mais Cavelier de LaSalle ne reste que peu de temps à Lachine. Il part plutôt à la découverte de vastes contrées...

Parmi les colons qui demeurent, Jean Milot acquéreur du domaine de LaSalle, cède vers les années 1670 un emplacement pour construire le moulin seigneurial en bordure du fleuve. Cela constitue déjà l'ébauche du village de la «Coste Saint-Sulpice» qu'avait à peine entrepris Cavelier de LaSalle. Jean Milot veille également à l'érection d'une palissade et à la construction de son manoir en 1673. Par la suite, l'église et le presbytère suivront pour devenir les principaux bâtiments du fort de Lachine.

Un autre colon, Jean Chevalier donne à cette époque le quart de sa terre[4] pour ériger une chapelle. Cette chapelle construite en bois par Pierre Gaudin est bénite par l'abbé Étienne Guyotte en avril 1676. Au mois de juin, Mgr François de Montmorency de Laval proclame officiellement l'existence de la paroisse des Saints-Anges de Lachine, troisième paroisse de l'île de Montréal, après Ville-Marie et la Pointe-aux-Trembles. Plusieurs missionnaires se succèdent pour desservir la paroisse, mais au mois de novembre 1680, Pierre Rémy est nommé curé de la paroisse des Saints-Anges de Lachine, le premier curé de fait.

L'enseignement au temps du régime français

Né en 1636, Pierre Rémy entre au séminaire de Saint-Sulpice de Paris, le 14 juillet 1666. Il quitte cette ville, en 1672, pour venir enseigner à l'école des garçons de Montréal et ce, jusqu'en 1676. Cette année-là, au mois de mai, il est ordonné prêtre par Mgr de Laval à l'Hôtel-Dieu. Au mois de juillet 1680, il devient curé de la paroisse Notre-Dame à Montréal. Mais en novembre de la même année, il accepte la cure de la paroisse des Saints-Anges de Lachine[5].

L'arrivée du curé Rémy apporte un souffle nouveau à l'existence même de la communauté lachinoise. Il met de l'ordre dans les registres paroissiaux et s'applique à construire l'église des Saints-Anges de Lachine, le presbytère et une petite école. Dès 1681, le presbytère temporaire — une cabane de bois équarri — aurait servi de classe pour l'instruction des filles et des garçons[6]. Les élèves apprennent le catéchisme, la lecture, l'écriture, le calcul et quelques éléments de latin du curé Rémy.

En Nouvelle-France et plus particulièrement à Québec, à Trois-Rivières et à Montréal, les écoles sont dirigées par les communautés religieuses, par exemple, les Jésuites, les Sulpiciens, les frères Charon, les Ursulines et les sœurs de la congrégation de Notre-Dame[7]. En dehors de ces centres, il faut parler d'école de campagne pour désigner la petite école élémentaire de Lachine. Toutes les écoles de la Nouvelle-France sont sous l'autorité suprême de l'évêque. À la veille de la Conquête, les petites écoles ne dépassent guère le nombre de 47 établissements. Lachine a longtemps compté durant le régime français sur deux petites écoles, l'une pour les filles et l'autre pour les garçons[8].

Dès 1655, un cours classique est donné au collège de Québec. Les matières enseignées sont la grammaire, les humanités, la rhétorique et la philosophie. Dans quelques autres localités, des écoles latines dispensent des notions d'humanités. L'enseignement spécialisé compte surtout sur une école d'arts et métiers à Saint-Joachim qui a fourni de nombreux artisans à la Nouvelle-France. L'enseignement ménager concerne les filles qui apprennent la confection, le tricot, le filage et la couture. Ainsi, les sœurs de la Providence enseignent les services domestiques, à la maison de la Providence. Une ébauche d'enseignement de niveau universitaire existe: une école d'hydrographie et de mathématiques à Québec, la théologie et le droit au séminaire de Québec. De plus, les étudiants peuvent avoir accès à un système de bourse pour faire des études à l'étranger, notamment en médecine.

Le village de Lachine et les petites écoles

En Nouvelle-France, l'éducation est étroitement liée à l'évolution de l'Église et les communautés religieuses veillent à l'instruction des enfants. Malgré des débuts modestes, la paroisse des Saints-Anges de Lachine s'enorgueillit de l'implantation d'une église, d'un presbytère et d'une école et ce, grâce au dynamisme du curé Rémy.

En 1681, le presbytère, une cabane de bois équarri, ne sert pas à loger le curé, mais de classes aux enfants. Or, les classes ne peuvent se maintenir à longueur d'année à cause d'une défectuosité de la cheminée. Il est donc hors de question de chauffer le presbytère. Le curé Rémy habite, entre les années 1680 et 1685, le lieu dit de la Présentation (Dorval) où il exerce le rôle de maître d'école[9]. Par ailleurs, il n'est pas exclu que, dès 1680, les missionnaires de la communauté des sœurs de la congrégation de Notre-Dame aient apporté leur aide pour enseigner aux petits enfants[10].

Quelques années passent et Lachine accueille un nouveau maître d'école: Jean-Baptiste Pothier. Sans être absolument certain de la date exacte de son arrivée, Jean-Baptiste Pothier est présent à Lachine dès 1684, lors du mariage de Jean Dumans et Agathe Morue[11]. Il assume très tôt une double tâche: chantre et maître d'école. Pothier doit, cependant, être considéré comme le premier enseignant laïc. En 1686, il assume également un autre rôle: celui de notaire. Pothier va persévérer dans le domaine du droit, en devenant receveur et secrétaire des seigneurs de Montréal, substitut du procureur fiscal à Trois-Rivières et, en 1701, sergent royal et arpenteur juré. Il meurt à Trois-Rivières en 1711. J.-B. Pothier demeure donc à Lachine jusqu'à la fin du XVIIᵉ siècle[12].

Lachine a un maître d'école, mais où va-t-il enseigner? La construction d'une église, d'un presbytère et d'une école reste une responsabilité des marguilliers de la paroisse. Lachine est pauvre ce qui empêche en 1684, le parachèvement des travaux[13]. Le bois est laissé devant la chapelle parce que les marguilliers ne trouvent pas les fonds nécessaires pour payer les ouvriers. L'année suivante, les marguilliers veulent réparer l'ancien presbytère et même en construire un nouveau pour accueillir le curé Rémy, les sœurs de la congrégation de Notre-Dame et les élèves[14]. Ainsi, le 18 février 1685, la communauté des sœurs de la congrégation de Notre-Dame est sollicitée par les marguilliers pour établir des bases permanentes à Lachine:

> mond Sieur dollier voullant bien agréer quil y fust une Echolle pour les filles en cette paroisse et consentir que les Sœurs de la Congrégation y envoiyassent deux de leurs filles pour y tenir les petites escholles. Lassemblée voulust bien quon les logea dans l'ancien presbytère[15].

Les habitants de Lachine souhaitent voir le curé résider près de son église et s'occuper également de l'école des garçons. La population veut maintenir deux écoles: l'une, pour les filles, dirigée par les sœurs et l'autre, pour les garçons, dirigée par le curé[16]. Mais pour survivre les sœurs doivent travailler dans les champs; les aumônes constituant leur seule autre source de revenus. Or, les marguilliers se préoccupent en 1686 de verser un salaire convenable au maître d'école. Ils demandent à M. Dollier de recueillir une partie de la recette des dîmes de la paroisse de Lachine et du «Haut de l'Isle» ainsi qu'une partie du cens et des rentes. Le nombre d'enfants n'est pas suffisant pour subvenir aux honoraires du maître. En octobre, le curé Rémy paye de ses deniers (2000 livres) le parachèvement des travaux de l'église, du presbytère et de l'école[17]. Il s'engage également à débourser une somme de 50 livres par an, au chantre et maître d'école Jean-Baptiste Pothier, pendant trois ans[18]. En avril 1687, le curé Rémy établit une «fondation de la lampe perpétuelle» pour confirmer le paiement du salaire au chantre et maître d'école[19]. Toutes ces questions seront abruptement interrompues, le 4 août 1689, en raison de l'attaque d'une bande de plus de 1000 Iroquois. C'est la riposte à l'expédition du gouverneur Denonville menée deux ans plus tôt contre leurs villages. Le massacre de Lachine[20] s'étendit sur tout le territoire de la paroisse des Saints-Anges et plus particulièrement au fort Rolland. Le fort Rolland constitue le maillon faible de la défense française, à cause de la pratique illégale du commerce de l'eau-de-vie. Certains habitants s'adonnent à des beuveries et ce n'est pas par hasard que les Iroquois attaquent Lachine en 1689[21]. Près de 24 Français sont tués et plus de soixante sont faits prisonniers. L'événement oblige les sœurs de la congrégation de Notre-Dame à retourner à Ville-Marie, faute de trouver des enfants à l'école. En 1692, sous la direction de sœur Laurent, la congrégation de Notre-Dame fait son retour à Lachine[22]. Les religieuses maintiennent leur base à Lachine grâce à l'aide du curé Rémy et à celle de son successeur M. de Villermaula, à compter de 1706.

L'instruction publique sous le régime anglais

À la veille de la Conquête, la situation scolaire est déplorable en Nouvelle-France: à peine 47 écoles primaires, deux écoles latines à Montréal, des cours de mathématiques et d'hydrographie donnés au collège de Québec.

La guerre empêche le déroulement normal des classes. Au lendemain de la victoire anglaise, certaines écoles ouvrent leurs portes. Par exemple, la petite école des Jésuites, à Québec, et celle des Sulpiciens, à Montréal. À Lachine, les fillettes peuvent se rendre à la petite école tenue par les sœurs de la congrégation de Notre-Dame. La maîtresse d'école se nomme sœur Saint-François-Xavier. En 1784, le couvent de Lachine se détériore de plus en plus et le nombre de fillettes n'est plus suffisant pour conserver un établissement scolaire à cet endroit. Conseillé par M. de Montgolfier, les religieuses déménagent leurs classes à Pointe-Claire[23].

Les réouvertures d'écoles sont trop souvent suivies par des fermetures. En 1765, les Jésuites ne peuvent trouver de nouvelles recrues pour enseigner au séminaire de Québec. En 1796, les Récollets disparaissent et, en 1800, le dernier Jésuite du Canada meurt. Le recrutement d'enseignants français ne se fait qu'au compte-gouttes et selon le bon vouloir des autorités anglaises. Le vainqueur anglais est protestant et il n'encourage pas la venue des missionnaires catholiques et français. La tolérance britannique permet d'accueillir les Canadiens au sein des communautés religieuses. Or, les Sulpiciens de Montréal ne sont guère intéressés par les vocations canadiennes et ils souhaitent la venue de messieurs français. Bref, trente ans après la Conquête, le Canada ne compte plus que sur 46 prêtres pour 160 000 âmes et les enseignants ne sont guère plus nombreux.

Or, le gouverneur James Murray avait constaté, dès son entrée en fonction, que les Canadiens étaient ignorants et ne savaient ni lire, ni écrire. Cette situation est due à un manque de professeurs, à un nombre trop restreint de locaux et à une pénurie de manuels scolaires.

L'enseignement secondaire existe au séminaire de Québec et au collège St-Raphaël, de Montréal. Ce collège deviendra, en 1806, le collège de Montréal. Les éléments de la langue latine et les belles lettres se donnent à Montréal et les cours de sciences et de philosophie, à Québec. À la suite de la Révolution française, les autorités anglaises se montrent plus souples et elles permettent la venue de quelques prêtres au Canada. Ceux-ci vont se dévouer à la cause de l'enseignement secondaire au Québec.

II– LA NAISSANCE DU SYSTÈME SCOLAIRE AU CANADA FRANÇAIS

Il faut attendre le XIXᵉ siècle avant que les autorités anglaises fassent un effort, aussi mince soit-il, pour créer des écoles et même un système scolaire. Mais la situation est plutôt lamentable entre les années 1800 et 1850. Les écoles ne s'implantent pas de manière durable.

En 1801, l'État établit l'Institution royale pour l'avancement des sciences qui devient un «ministère de l'Instruction publique avant la lettre», chargée de surveiller les écoles royales. C'est le premier geste qui donne à l'État la responsabilité de l'éducation publique. La création de deux secteurs (privé et public) de l'éducation a pour origine l'implantation de l'Institution royale. La loi de 1801[1] ne fait aucune mention des différences religieuses ou linguistiques. Or, les écoles dirigées par les communautés religieuses ne sont pas assujetties à la loi. La fondation d'une école royale est due à une décision libre des habitants de chaque paroisse. Les maîtres sont rémunérés par le gouvernement; ceci constituant la seule contribution financière de l'État. Bref, au moins deux types d'écoles coexistent au début du XIXᵉ siècle: les écoles des communautés religieuses (ex.: les sœurs de la congrégation de Notre-Dame) et les écoles royales.

L'école royale

En 1801, l'Institution royale[2] pour l'avancement des sciences est créée. Par la suite, en 1813, un legs de James McGill favorisera la fondation du collège McGill. Or, la loi de 1801 est amendée au fil des ans, sans être définitivement abolie. La constitution du *Royal Institution for the Advancement of Learning* désigne, au XXe siècle, le conseil des gouverneurs de l'université McGill à Montréal.

Cependant, l'Institution royale régit de 1801 à 1836 des écoles élémentaires appelées écoles royales. Lachine établit son école royale à la suite d'une requête de la majorité des résidents anglophones. En 1810, John et Donald Grant donnent un terrain pour construire l'école et John Skimming est le premier enseignant nommé par Sir James Craig[3]. Les commissaires syndics de l'établissement scolaire sont: John Grant, Donald Grant, Pierre Roy dit La Pensée et Richard Robertson.

Pour évaluer l'état de l'école et la qualité du travail de l'enseignant, des visiteurs vont examiner plusieurs fois dans l'année l'école royale de Lachine. Entre 1820 et 1829, ces «inspecteurs d'écoles» sont James Finlay, Joshua Finlay, le révérend B.-B. Stevens, Donald Duff, James Somerville, Charles Demers, Venant Roy dit La Pensée et Mr. Keith. L'influence du révérend Stevens, prêtre anglican, est prépondérante. D'ailleurs, le curé Duranceau (catholique) refuse de devenir un visiteur pour s'opposer vigoureusement à l'école royale. Pour lui, les catholiques ne doivent pas aller dans une institution dirigée par des protestants. En fait, le curé Duranceau suit le mot d'ordre de ses supérieurs Mgr J.-O. Plessis et Mgr Jean-Jacques Lartigue. Le gouverneur Dalhousie informe le ministre des Colonies, le 10 juin 1821, de la résistance du clergé catholique qui ne veut pas être soumis à la présidence d'un évêque protestant. Le curé Duranceau menace même de refuser les sacrements à un élève de foi catholique qui se rend à l'école royale.

Évolution de la législation scolaire

Depuis 1824, la loi des écoles de fabrique[4] permet aux corporations de paroisse de posséder des biens meubles et immeubles, pour fonder des écoles élémentaires. Cette loi favorise le système d'école confessionnelle catholique. Mais les marguilliers et le curé de Lachine ne se sont guère prévalus des dispositions législatives.

En marge des lois scolaires votées en 1801 et 1824, l'assemblée du Bas-Canada adopte en 1829 la loi des écoles de syndics. L'autorité, en matière d'éducation, se place entre les mains du Parlement du Bas-Canada. Les propriétaires fonciers ont désormais la possibilité de choisir cinq mandataires ou syndics pour établir et administrer les nouvelles écoles. En 1830, un amendement modifie la loi des écoles de syndic: les visiteurs sont nommés par le gouvernement, le député du comté ou le curé (ministre du culte). En 1832, des nouvelles dispositions législatives permettent aux autres écoles (ex.: les écoles de fabrique ou les écoles des communautés religieuses) de bénéficier du financement gouvernemental sans être soumis aux syndics. Le gouvernement s'engage à payer une partie des coûts de l'école (50 %) et la moitié du salaire à verser aux maîtres. Dès 1832, le code scolaire prévoit qu'un certificat de compétence à l'enseignement est exigé pour tous les maîtres.

La loi de 1832 doit être renouvelée à tous les deux ans. À cause des revendications des réformistes dans le Bas-Canada et dans le Haut-Canada, la vie parlementaire est paralysée entre les années 1836 et 1841. Le Bas-Canada reste donc sans loi scolaire. Mais les activités de l'école royale de Lachine ne semblent pas trop perturbées. Cette école compte, en octobre 1828, une quarantaine d'élèves dont près de la moitié sont de foi catholique. Cela cause un problème car la fréquentation de catholiques dans des institutions protestantes est mal acceptée à Lachine. Le curé Duranceau et son successeur le curé Prévost font, à ce sujet, des rapports constants à l'évêque de Montréal. De 1801 à 1845, les parents de foi catholique qui désirent envoyer leur enfant à l'école, n'auraient d'autres choix que de les envoyer à l'extérieur de la ville ou à l'école royale dirigée par les protestants.

La situation scolaire en période troublée

Le premier mai 1836 marque la date d'expiration de la loi scolaire de 1832 et la fin des octrois gouvernementaux aux écoles. Le clergé a tenté de convaincre l'ensemble de la communauté du Bas-Canada de se prévaloir de la loi des écoles de fabrique, pour continuer l'éducation des enfants. Sans ressources financières, plusieurs écoles ont dû fermer leurs portes. À Lachine, l'école royale poursuit ses activités.

La rébellion de 1837-1838 et la paralysie du système parlementaire, depuis 1836, freinent l'établissement et le développement des écoles. L'Angleterre, pour remédier aux problèmes dans les colonies canadiennes, envoit John George Lambton, premier comte de Durham, pour faire une enquête complète.

Lord Durham arrive à Québec, le 27 mai 1838, investi des pouvoirs de capitaine général et de gouverneur en chef de l'Amérique britannique chargé d'étudier les problèmes politiques du Haut et du Bas-Canada. La proposition principale du rapport de Lord Durham est l'union législative du Haut et du Bas-Canada et l'obtention d'un gouvernement responsable. Mais la faiblesse du rapport réside dans l'analyse du fait canadien-français et dans la solution proposée: à savoir l'anglicisation des Canadiens français. Du rapport Durham découle, entre autres, des recommandations qui amènent l'implantation du système municipal et le rétablissement des écoles. Les municipalités et le système scolaire sont liés, dès le départ, et Lord Sydenham s'inspire en partie de l'analyse de l'un des enquêteurs de Durham, Arthur Buller[5].

L'ordonnance du 9 décembre 1840[6] crée les conseils municipaux. Cette loi arbitraire rend absolue l'autorité du gouverneur. Le Bas-Canada est alors divisé en vingt-deux districts municipaux. Chacun des districts est administré par un conseil élu par le peuple. Ce conseil fait partie de la corporation municipale. Le conseil municipal s'occupe de règlements pour la construction et l'entretien des chemins publics, la répartition des taxes, la construction des écoles et la constitution d'un corps de police. Le gouverneur s'arroge des pouvoirs pour ériger les districts municipaux qu'il juge opportun de faire, d'en fixer les limites territoriales, de nommer le président du conseil municipal, d'approuver ou refuser les règlements du conseil municipal, de nommer le trésorier, de choisir le greffier, l'inspecteur du district, etc.

Des vingt-deux présidents nommés sur les conseils, les deux tiers sont d'expression anglaise et, au Bas-Canada, les députés s'insurgent contre cette mesure. De plus, les commissaires d'écoles paroissiales sont soumis au conseil municipal de district qui devient un bureau d'éducation.

La loi scolaire de 1841

L'année suivante Lord Sydenham établit la loi scolaire de 1841[7] pour favoriser les écoles élémentaires. La nouvelle loi reconnaît l'existence des écoles publiques et le droit à la dissidence (confessionnalité). À la tête du nouveau système scolaire, le gouverneur nomme, en 1842, le Dr Jean-Baptiste Meilleur, surintendant de l'éducation.

Le surintendant distribue les sommes allouées pour l'éducation de la jeunesse, visite les districts municipaux, voit à l'imposition des taxes dans chacun des districts, fait rapport des dépenses encourues et de l'état des écoles. Ces changements sont les premiers jalons d'un véritable système scolaire organisé. Les commissions scolaires actuelles ont pour origine la structure juridique établie au milieu du dix-neuvième siècle, c'est-à-dire, la corporation scolaire ou la municipalité scolaire de paroisse.

Dès 1842, le Bas-Canada compte 661 écoles et, en 1843, 1298[8]. Cependant, l'évolution du système scolaire prend son envol, le 29 mars 1845, avec l'adoption d'une autre loi sur l'éducation[9] qui remplace celle de 1841. Pour chaque paroisse, township, ville ou village du Bas-Canada créé à titre de municipalité civile, coexiste une corporation scolaire ayant les mêmes délimitations territoriales. Il existe donc dans chaque paroisse, ville, village ou township des écoles pour l'instruction élémentaire régie par les commissaires d'écoles, sujettes à être modifiées au besoin.

Pour financer les écoles, des subventions sont accordées au prorata dans chaque dénomination territoriale. Le curé résidant devient d'office commissaire d'école. Ses paroissiens voient d'un autre œil son rôle, puisqu'une grande partie des sources de revenus scolaires est basée sur les contributions volontaires. Cette fois, le système scolaire reçoit l'appui de Mgr Bourget qui le fait savoir par la circulaire du 12 mai 1845[10]

La guerre des éteignoirs

Or, peu d'écoles sont établies dans les campagnes, faute de souscriptions volontaires suffisantes. Dans plusieurs localités, les élections des commissaires, prévues pour le premier juillet 1845, sont sabotées par les propriétaires fonciers qui élisent des ignorants ou des analphabètes. Le gouvernement doit reviser la loi de 1845.

La loi adoptée au mois de juin 1846[11], impose le principe de la «contribution volontaire». Les propriétaires de biens-fonds doivent élire les commissaires d'écoles pour un mandat de trois ans. Ceux-ci prélèvent, par le biais de la répartition une somme égale à l'octroi gouvernemental. Les écoles ne relèvent plus de l'autorité municipale, mais des commissaires et du surintendant de l'Instruction publique. Enfin, le curé n'est plus commissaire de droit; il doit être élu et il peut même refuser cette charge. La loi de 1846 consacre le caractère confessionnel en matière d'éducation.

La réaction du Bas-Canada ne se fait pas attendre; l'imposition d'une taxe scolaire est très mal reçue et le peuple réagit avec violence. Une campagne d'opposition est lancée contre la loi: les enfants sont retirés des écoles, des commissaires non qualifiés sont élus, des écoles sont incendiées, etc. Cette réaction, appelée la guerre des éteignoirs, ne se calmera qu'au début des années 1850, à la suite de l'intervention soutenue des évêques.

Dans ce contexte de succession des lois scolaires, sous le gouvernement de l'Union, à la suite du rapport Durham et en dépit des réactions d'une partie de la population, naît, le 1er juillet 1845, la municipalité de la paroisse Saint-Michel ou des Saints-Anges de Lachine[12]. Située dans le comté de Montréal, la municipalité civile de la paroisse de Lachine a une existence légale. Pourtant, il faut attendre l'année 1855 avant qu'elle obtienne le droit d'élire un conseil municipal, le gouvernement de l'Union ayant aboli en 1847, toutes les municipalités de paroisse ou de township.

Néanmoins, en vertu de la loi de 1846[13], le territoire de la municipalité de la paroisse Saint-Michel de Lachine est soumis à la corporation scolaire de la paroisse Saint-Michel de Lachine pour la mise sur pied des écoles régies par les commissaires. Malgré l'abolition des municipalités civiles en 1847, les corporations ou municipalités scolaires de paroisses ou de township sont maintenues juridiquement. Ce statut est d'ailleurs repris dans les mêmes termes dans les statuts révisés du Bas-Canada de 1861, au chapitre 15[14].

La corporation scolaire de la paroisse Saint-Michel de Lachine

La naissance de la Commission scolaire du Sault-Saint-Louis remonte à 1973 lors de la fusion des commissions scolaires de LaSalle, de Lachine, du Très-Saint-Sacrement et de Saint-Pierre-aux-Liens. Mais l'origine même des commissions scolaires constitutantes du Sault-Saint-Louis est plus ancienne que ne pourrait l'imaginer le profane. Ces commissions scolaires avaient une existence légale et bien réelle au XIXe siècle. Par exemple, LaSalle, Lachine et Très-Saint-Sacrement ont une souche commune: la corporation scolaire de la paroisse Saint-Michel de Lachine formée en 1846 selon les lois scolaires et municipales de l'époque. Elle s'étend des limites de Verdun aux limites de Pointe-Claire, regroupant à la fois le territoire de Lachine, LaSalle et Dorval. Au fil des ans, cette corporation scolaire a été démembrée en de plus petites commissions scolaires.

Dès 1873, la corporation scolaire de la paroisse de Lachine perd une partie de son territoire et, ainsi, la Commission scolaire de la Ville de Lachine voit le jour[15]. Par la suite, en 1914, celle-ci voit son territoire à nouveau morcelé au nord, par la création de la Commission scolaire du Très-Saint-Sacrement. La municipalité scolaire de la paroisse de Lachine continue néanmoins de fonctionner, mais en 1900, une autre partie à l'ouest de son territoire se sépare pour former la Comission scolaire de Dorval[16].

Cette nouvelle entité juridique recoupe, grosso modo, les frontières des villes de Dorval et de Summerlea. Enfin, en 1922, la municipalité scolaire de la paroisse de Lachine qui désormais n'avait plus que le territoire de la Ville de LaSalle sous sa régie, change son nom à celui de Commission scolaire de LaSalle[17].

L'histoire de la Commission scolaire du Sault-Saint-Louis porte sur la formation des différentes commissions scolaires qui se sont fusionnées, sans oublier la Commission scolaire de Saint-Pierre-aux-Liens. Ainsi, en 1973, la Commission scolaire du Sault-Saint-Louis faisait un retour aux sources!

La corporation scolaire de Lachine: les débuts

La majorité de la population a mal accueillie l'implantation d'un système scolaire adéquat. Par contre, des citoyens lachinois maintiennent un intérêt certain dans l'établissement de petites écoles. En 1846, la corporation des écoles de la paroisse Saint-Michel de Lachine est officiellement créée, du moins juridiquement. Ce nom de Saint-Michel de Lachine est une fausse désignation de la paroisse; les Saints-Anges-Gardiens correspondent plus précisément à la véritable dénomination[18].

À la fin de la décennie de 1840 et au début de celle de 1850, plusieurs décisions importantes prises par les commissaires montrent leur bonne volonté de fonder des écoles élémentaires. Depuis 1845, le conseil de l'Institution royale est tenu de céder les terres et les maisons d'écoles sous sa gouverne[19]. Il abandonne, peu à peu, toutes ses écoles élémentaires pour se consacrer exclusivement au collège McGill. Une demande, probablement de la part des protestants[20], est adressée, le 2 décembre 1845, à l'Institution royale pour qu'elle cède son école de Lachine.

L'éducation publique, chez les catholiques, est confiée aux commissaires d'écoles de la paroisse de Lachine[21]. À partir de 1846, les commissaires prendront certaines mesures importantes pour l'éducation des enfants[22]. Dès lors, sous la présidence de Joseph Allard, les commissaires engagent Thomas Travor à titre d'instituteur. Celui-ci doit tenir une école dans le village de Lachine pour enseigner la lecture, l'écriture, l'arithmétique, la géographie, la tenue des livres et les mathématiques aux garçons. L'horaire de la classe est le suivant: de 9 h 00 à 12 h 00 et de 13 h 00 à 16 h 00 pour une durée totale de six heures par jour, sauf le dimanche et certains jours de congé. Pour cette tâche, les commissaires accordent à l'enseignant un salaire annuel de 55 livres, du bois pour chauffer et le droit d'habiter à la maison d'école. Travor obtient même la permission d'utiliser les locaux pour faire l'école du soir et ce, avec l'appui du commissaire John Norton[23].

En 1847, les commissaires Joseph Laflamme, John Norton, Jacques Bellefeuille, Archibald Mc Naugton et Joseph Allard acceptent de Henry Pigeon, cultivateur, la donation d'une terre de 36 pieds de front sur 36 pieds de profondeur. Situé près du chemin de la côte Saint-Paul, le terrain doit servir à l'établissement d'une école publique dans la paroisse de Lachine[24]. En septembre 1848, c'est au tour de Paul et Abraham Picard d'offrir un lopin de terre (40 pieds par 60 pieds) pour encourager l'établissement d'une école publique dans le «haut» de la paroisse de Lachine, soit à Dorval. L'année suivante, un bail d'un an est signé entre Toussaint Décary, cultivateur de Montréal, et les commissaires des écoles pour la location d'une maison d'école à Lachine. partir du premier mai, le loyer annuel est fixé à 15 livres[25]. Le premier juillet 1849, Samuel Éroux, domicilié dans la côte de la Visitation de Montréal, devient l'instituteur de l'école mixte de la côte Saint-Paul; les matières enseignées sont la grammaire de l'anglais et du français, l'écriture et «les règles aux mains jusqu'à la règle de trois[26]».

La paroisse de Lachine en 1879. La ville se situe au centre (partie foncée). Le territoire de la municipalité scolaire de la paroisse des Saints-Anges entoure celui de la municipalité scolaire de la ville de Lachine.

Source: Bibliothèque nationale du Québec, H.W. Hopkins, *Atlas of City and Island of Montreal including the counties of Jacques-Cartier and Hochelaga*, Québec (prov.), Provincial Surving and publishing, 1879.

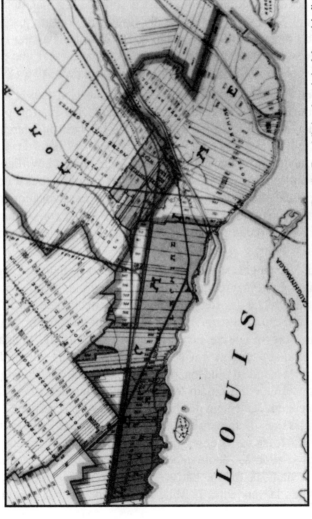

La création de municipalités civiles comme celle de Summerlea (entre Lachine et Dorval) et Dorval diminue le territoire de la municipalité de la paroisse de Lachine. Le même phénomène se répète au sujet de l'évolution territoriale des commission scolaires.

Source: Bibliothèque nationale du Québec, A.R. Pinsoneault, *Atlas of the Island and City of Montreal and Ile Bizard*, The Atlas Publishing Co. Ltd., c.a. 1906.

D'une année à l'autre, les commissaires de la corporation de la paroisse prennent des mesures pour établir, sur le vaste territoire de Lachine, des écoles qui répondront aux besoins de la population[27]. La paroisse des Saints-Anges s'étend des limites de Verdun jusqu'aux bornes de Pointe-Claire. Entre 1846 et 1872, de trois à cinq écoles furent nécessaires pour couvrir l'étendue de la paroisse; l'une de ces maisons-écoles s'est maintenue sur le même site de 1849 à 1875.

En effet, durant la période de 1849 à 1861, subsiste, dans le village de Lachine, une école modèle catholique fréquentée à la fois par les filles et les garçons[28]. Située à l'arrière de la place du Marché de l'époque (qui correspond actuellement à l'arrière de l'hôtel de ville de Lachine), un terrain et une maison en bois, appartenant à William Mc Donald, sont achetés, le 13 août 1849, par les commissaires d'écoles de la paroisse de Lachine[29]. Dès 1862, l'école perd sa vocation mixte et les instituteurs Tessier n'éduquent plus que les garçons. Pourtant, en 1860, l'école tenue par monsieur et madame Tessier accueillait plus de 80 enfants[30].

Le bouleversement est dû à l'arrivée des sœurs de Sainte-Anne qui fondent une école catholique et publique pour les filles, appelée l'externat. La venue des sœurs est fortement encouragée par le curé Nazaire Piché qui facilite même l'établissement du couvent[31]. Ainsi, la communauté religieuse achète, au prix de 8 000$, le manoir Simpson qui appartenait à Georges Simpson, gouverneur de la compagnie de la baie d'Hudson, décédé à l'automne 1860[32]. Bref, en plus de fonder un collège pour les jeunes filles, les sœurs de Sainte-Anne s'occupent également de tenir une école, sous la responsabilité des commissaires de la paroisse de Lachine, comme l'externat des filles. En 1861, les sœurs enseignent à l'externat et les garçons, eux, continuent d'aller à l'école modèle catholique. Cette institution fonctionne dans la même bâtisse jusqu'en 1875, alors que les commissaires la vendent à la Ville de Lachine pour la somme de 1 400 $[33].

L'arrivée des sœurs règle un problème que déplorent les curés qui se succèdent à Lachine durant tout le XIXᵉ siècle, les écoles mixtes. Le «concile provincial» sur les écoles s'oppose à la présence commune de filles et de garçons à l'intérieur d'une institution. En 1859, le curé Prévost affirmait: «Il y a une grande difficulté à faire observer le décret du concile provincial sur les écoles mixtes»[34]. Son successeur, le curé Piché, n'aime guère cette situation et, pour cette raison, il réorganise les écoles primaires. L'abandon de la classe pour les filles par madame Tessier réjouit le curé:

> L'école municipale des sœurs ne compta pour commencer que huit élèves. Pour cette première année, en effet, l'ancienne institutrice des filles une dame Tessier, maintenait son école et reçut des élèves. Aux vacances de 1862, elle devait prendre le parti plus sage de cesser son opposition au couvent des sœurs[35].

Cette école municipale a, dès lors, les sœurs Marie-Françoise d'Assise et Marie-Virginie pour institutrices. Peu à peu, le collège des filles acquiert une solide réputation tandis que les écoles, sous l'autorité des commissaires, laissent de plus en plus à désirer. Selon l'inspecteur F.-X. Valade, en 1872-1873, le couvent est considéré comme une excellente institution, avec un bon personnel et du matériel propre[36].

Les écoles publiques de Lachine sont plus ou moins bien tenues. La maison de la côte Saint-Paul a fermé faute d'élèves, et d'ailleurs la bâtisse tombe en ruines. Les livres comptables des commissaires sont mal tenus: «les cotisations sont négligemment perçues et les maîtres et maîtresses très mal payés»[37].

Les sœurs de Sainte-Anne semblent avoir détourné une partie de la clientèle de la municipalté scolaire car, sur 510 enfants allant aux différentes écoles de Lachine, près de 311 fillettes vont au pensionnat[38]. Elles s'occupent également de l'internat des filles, ce qui en réalité leur confère le «monopole» de l'enseignement aux demoiselles. Les écoles sous la responsabilité des commissaires vont connaître un développement inattendu. En effet, une nouvelle commission scolaire amorce une séparation à l'intérieur de la structure corporative de la municipalité scolaire de la paroisse de Lachine.

III– UNE COMMISSION SCOLAIRE INDÉPENDANTE: LACHINE

La création de la Commission scolaire de Lachine est le résultat d'une volonté d'indépendance de la part des villageois vis-à-vis des habitants de la campagne environnante. Déjà, en 1872, le village devient la Ville de Lachine[1]. Par la suite, l'ordre des choses rend inévitable la séparation du territoire de la municipalité scolaire de la paroisse de Lachine. Au niveau des municipalités civiles, deux corporations distinctes existaient, du moins depuis 1855: celle de la paroisse et celle du village[2]. Mais, depuis 1846, une seule entité juridique avait été créée pour régler les questions scolaires. Or, en 1873, un changement important se produit: par un ordre du lieutenant-gouverneur de la province de Québec, la Commission scolaire de la Ville de Lachine est officiellement établie[3]. Une enclave équivalente au territoire de la Ville de Lachine se sépare du reste de la paroisse des Saints-Anges.

Les citoyens de Lachine voulaient, en matière d'éducation, se dissocier de la municipalité scolaire de la paroisse. L'émancipation politique et scolaire des citoyens près du canal de Lachine est dans la continuité d'un autre débat: le site de l'église des Saints-Anges. L'emplacement de la vieille église datant de l'époque du curé Rémy est situé dans le quartier connu aujourd'hui sous le nom de Highlands, près du pont du Canadien Pacifique, à LaSalle.

Les nouveaux paroissiens s'installaient au cœur de la ville et l'augmentation de cette population a joué un rôle déterminant parce qu'elle était trop éloignée de l'église des Saints-Anges. Il devenait urgent de bâtir un nouveau lieu de culte à proximité du village. Le site de la nouvelle église a causé, de 1850 à 1865, bien des soucis aux curés lachinois, tiraillés entre les nouveaux et les anciens paroissiens[4]. Le débat a d'ailleurs dégénéré en actes de violence, mais la querelle entre les paroissiens s'est réglée en 1865: les marguilliers décidèrent de construire l'église dans le village. L'ancienne église fut dès lors vendue aux pères oblats, qui la démolirent en 1869 pour construire leur monastère.

L'opposition entre les gens du village et ceux de la campagne montre qu'au beau milieu du XIXe siècle, un sentiment d'appartenance se développait à un territoire donné. Le village de Lachine a grandi pour devenir la Ville de Lachine et le quartier Highlands (en partie l'ancien fort Rémy) constituera, en 1912, le noyau principal de la Ville de LaSalle[5].

En 1873, la Commission scolaire de la ville de Lachine se détache de la municipalité scolaire de la paroisse. Les citadins réorganisent leurs institutions autour du canal de Lachine et au cœur du développement économique de la région. Tôt ou tard, en «rebâtissant» l'église près du «Village du Canal»[6], les villageois se doivent de prendre le contrôle de la vie scolaire, en créant leur propre commission scolaire.

De plus, les villageois et les gens de la campagne n'ont pas les mêmes vues sur la mise en œuvre de projets. Par exemple, en 1868, des discussions sérieuses ont lieu au sujet de l'établissement d'une salle publique qui servirait aux réunions du conseil municipal et à celles des commissaires d'écoles. La proposition d'achat de la propriété de l'honorable Hale, faite conjointement par la corporation civile du village et la municipalité scolaire de la paroisse, n'aboutit à aucun résultat. Cette propriété était située dans le village[7].

En 1869, pas de changement, même si les commissaires et les conseillers reviennent à la charge pour qu'une maison d'école projetée serve aussi de salle publique[8]. Finalement, il n'y aura pas d'entente avec les commissaires et, en 1872, le Conseil municipal va de l'avant avec son projet de salle publique. Le nouvel édifice est construit sur le site de l'ancien «marché aux viandes» et devient l'hôtel de ville de Lachine[9]. Voilà l'expression de la fierté et aussi celle de l'esprit d'indépendance qui caractérisent les villageois. Mais leur volonté de se doter d'institutions politiques et religieuses qui répondent à leurs aspirations légitimes ne coïncident pas avec les désirs des gens de la campagne environnante.

Par ailleurs, la création de la Commission scolaire de la Ville de Lachine ne se fait pas sans heurts. Une mésentente subsiste entre la nouvelle commission scolaire et celle de la paroisse, au sujet du partage des biens et des dettes. Les commissaires de la paroisse ne veulent pas céder leurs droits sur les immeubles situés dans la Ville de Lachine. En décembre 1873, ils acceptent de ne s'occuper que des biens immeubles de leur territoire et, bien sûr, des dettes encourues[10]. Cela concrétise la division des deux commissions scolaires.

Le financement de l'éducation à la fin du XIXᵉ siècle

Sous la présidence du curé Piché, la Commission scolaire de Lachine a clarifié sa situation politique, mais elle doit assurer ses assises financières. Le règlement du partage des biens et des dettes ne prévoit pas de rentrées d'argent. La Commission scolaire de Lachine impose donc des taxes sur les propriétés foncières sises dans ses limites territoriales. L'équilibre du budget et des dépenses courantes ne laisse place à aucune improvisation. En décembre 1873, une taxe de 40 cents pour chaque cent dollars d'évaluation des propriétés foncières imposables est adoptée par les commissaires[11]. C'est le rôle d'évaluation de la Ville qui fait foi de la valeur des biens immeubles imposés.

En 1875, une taxe spéciale de 45 cents du cent dollars d'évaluation est votée pour acquitter une dette de 8 500 $ relative à la construction de l'école des garçons[12].

La tâche de percevoir les taxes scolaires incombe au secrétaire-trésorier, avec l'aide d'un commissaire d'école. À cette époque, le notaire Léon Forest a l'obligation de poursuivre, pour la Commission scolaire de Lachine, les personnes qui ne payent pas leur compte. Le président de la Commission scolaire de Lachine, le curé Piché, peut même signer des mandats de saisies.

Durant les cent ans de l'histoire de la Commission scolaire de Lachine, les secrétaires-trésoriers feront un excellent travail. Une seule exception, en 1908, la Commission scolaire de Lachine affiche quelques difficultés financières. Un déficit de 1 500 $ est relevé peu après la démission du secrétaire-trésorier, J.A.D. Poitras, qui occupait ce poste depuis cinq ans. Il avait commis un nombre important de petites erreurs. Par exemple, il existait des sommes perçues en double: 23.30 $ de R. Métayer et 100 $ des frères Donat[13]. D'autres types d'erreurs gonflaient les pertes de la commission scolaire: par exemple, aux rapports financiers, une somme de 300 $ était inscrite, mais seulement 200 $ avaient été déposés dans les coffres. Ces malversations se sont répétées et le 27 juin 1908, la compagnie d'assurance *London Guarantee and Accident Co. Ltd.* qui assurait l'ex-secrétaire-trésorier, avise la Commission scolaire de Lachine de procéder contre monsieur Poitras[14]. Or, une poursuite judiciaire s'engage entre la Commission scolaire et la compagnie d'assurance. Le révérend J.T. Savaria, président de la Commission scolaire, est obligé de faire arrêter J.A.D. Poitras en rapport avec le procès[15]. En 1909, l'honorable juge Demers rend un verdict qui donne gain de cause à la compagnie d'assurance, parce qu'elle fut avisée trop tard des erreurs commises par monsieur Poitras.

La Commission scolaire de Lachine doit donc assumer cette perte qui est alors évaluée à 2 100 $[16]. En juillet 1908, monsieur Albert Saint-Denis avait déjà remplacé monsieur Poitras au poste de secrétaire-trésorier. Son salaire était fixé à 360 $ par année, sans compter la commission de 5% sur les rentrées de taxes et 10 % sur les rétributions mensuelles. Monsieur Saint-Denis s'acquittera très bien de sa tâche pendant 47 ans, soit jusqu'en 1955.

Une autre source de revenu provient de l'État qui accorde des subventions aux corporations scolaires. De 1867 jusqu'en 1945, les sommes versées ne dépassent pas 20 % des revenus totaux (taxes scolaires, rétributions mensuelles et subventions du gouvernement)[17].

Finalement, les rétributions mensuelles sont imposées aux parents qui ont des enfants en âge de fréquenter l'école. Les parents d'enfants de 7 à 14 ans doivent les payer à la Commission scolaire même si les enfants ne vont pas à l'école. Exceptionnellement, la Commission scolaire de Lachine n'exige pas de rétributions mensuelles des gens jugés trop pauvres, des veuves ou encore des Amérindiens. En 1875, la rétribution mensuelle pour le fils de l'instituteur Riley (William) et le petit-fils de l'instituteur Hétu (Alfred) est abandonnée[18].

Les commissaires ont le pouvoir d'acquérir des terrains et d'imposer des taxes foncières dans le but précis d'ériger des écoles et de veiller à l'embauche de professeurs compétents, cela va de soi. Quels seront les premières écoles voulues par les commissaires de Lachine ?

Les écoles publiques à Lachine

Les sœurs de Sainte-Anne prennent une nette prédominance dans l'éducation des filles à Lachine. Depuis 1861, elles enseignent à l'externat de la communauté[19]. Les classes se tiennent à partir de 1863, dans l'ancien magasin de la compagnie de la baie d'Hudson communément appelé, le «hangar de pierre» (situé sur la promenade Père-Marquette en face du couvent)[20]. L'endroit conserve une vocation scolaire jusqu'en 1870, année où une nouvelle bâtisse est construite à l'angle des rues Saint-Joseph et Saint-Alphonse (12e avenue). Le curé Piché s'opposant obstinément à loger les filles de l'externat à l'école des garçons, il paya les frais du nouvel externat. Les commissaires à l'époque ne voyaient pas la nécessité de séparer aussi fermement les garçons et les filles. Ceci se passait avant la création de la Commission scolaire de Lachine.

Mais en 1890, les commissaires de Lachine se décident à acheter au prix de 4 300 $ l'externat de la rue Saint-Joseph, qui gardera le même statut institutionnel jusqu'en 1906[21]. À compter de 1910, l'externat devient le jardin des Saints-Anges, une maternelle sous la responsabilité administrative et pédagogique des sœurs de Sainte-Anne.

Pour leur part, les garçons vont, en 1875, changer d'école: elle est jugée trop petite compte tenu du nombre d'élèves. L'ancienne maison d'école en bois, près de l'hôtel de ville, est vendue à la Ville de Lachine pour être transformée, au cours de l'été, en station de police. Après quelques hésitations, les commissaires achètent un terrain de 90 000 pieds carrés situé près de l'église catholique et appartenant aux héritiers de Louis Boyer. L.A. Boyer offre un prêt de 5 000 $ pour construire la nouvelle école[22]. Les travaux débutent au printemps et, le 6 septembre, le premier étage est prêt à accueillir plus de 150 enfants. L'année suivante, pendant la période estivale, deux autres étages sont parachevés et les commissaires réussissent à convaincre les frères des Écoles chrétiennes de prendre en charge les classes des garçons. L'école modèle des garçons change son nom pour celui de collège des garçons. Les enseignants de la communauté sont: frère Maximinien, directeur, frère Marcel Josephus, frère Polycape of Roma et frère Salvator of Africa logés au collège et rémunérés au taux de 200 $ par année. Les matières enseignées sont: le catéchisme, la géographie, l'histoire sainte, l'histoire du Canada, l'arithmétique, la lecture, l'écriture et «l'abécédaire»[23].

Le collège subit, en 1890, une première transformation: le plombier Avila Barbary pose des conduits d'eau. En 1900, une autre aile de trois étages, d'une superficie de 48 pieds par 71 pieds, accomodera mieux les frères enseignants. Les filles de l'externat peuvent compter, en juin 1891, sur un «appareil de chauffage de l'eau» qui garantit, par temps froids, une chaleur constante de 65 degrés Fahrenheit[24]!

L'école du soir est établie, en 1890, par le gouvernement du Québec. Le 3 novembre, les cours du soir débutent pour les 220 hommes inscrits. Les enseignants sont: le frère Macarius (tenue des livres), M. O. Reilly, le frère Marcel, le révérend M. Robillard (français) et M. Archambault (dessin)[25]. Cependant, l'activité scolaire n'est pas restreinte à ces seules écoles à Lachine.

L'académie Piché

En 1901, la Commission scolaire de Lachine fait installer «la lumière électrique» dans les classes du collège. Le 2 août 1904, le collège de Lachine, prend le nom d'académie Piché en l'honneur de l'ancien curé de la paroisse des Saints-Anges, Nazaire Piché, décédé en 1900.

La clientèle scolaire augmente sans cesse, du moins au primaire. L'externat des filles est trop petit, ce qui force les commissaires à ajouter de nouvelles classes. En 1906, ils conviennent d'acheter au prix de 5 800 $, une propriété de M. Dosilva Lalonde ainsi qu'un terrain de M. Alexandre Mador, pour la somme de 2 500 $[26]. Près de l'ancien canal de Lachine et de la rue St-Joseph entre la 11e et 12e avenue, la nouvelle école des filles est construite, selon les plans de l'architecte Dalbé-Viau.

Dès le début, l'école est nommée l'académie Savaria (en l'honneur du curé des Saints-Anges et, à la fois, président de la Commission scolaire de Lachine), en dépit du fait qu'elle ne possède pas le minimum d'élèves requis pour le cours académique. Officiellement, la demande du statut académique de l'école Savaria n'est remise qu'en 1912 au surintendant de l'Instruction publique. L'école compte trois élèves en 7e année et trois autres en 8e année[27].

Du reste, c'est un phénomène courant au début du XXe siècle de ne pas pouvoir garder les enfants en classe après la quatrième année. Pour l'ensemble des écoles catholiques de la ville de Montréal, 1 019 élèves assistent, en 1916-1917, aux cours de la septième année et 560 de la huitième année, alors que plus de 25 000 élèves s'inscrivent en première année[28]. Les enfants quittent généralement l'école à partir de la troisième ou de la quatrième année scolaire, pour aller sur le marché du travail. Malheureusement, ces enfants savent à peine lire et écrire.

À la fin du XIXe siècle, une campagne menée par M. Louis Guyon, inspecteur en chef de fabriques pour la province, s'opposait déjà à l'entrée précoce des enfants à l'usine. Ces enfants âgés de moins de 12 ans travaillaient dans les manufactures, ce qui était contraire à la loi. À la suite de la publicité générée par les rapports de M. Guyon, le gouvernement provincial hausse, en 1903, l'âge minimal à 13 ans pour les garçons. En 1907, un amendement à la Loi des établissements industriels fixe à 14 ans l'âge minimal et instaure «un test d'instruction pour les enfants de 14 ans» qui se présentent à l'usine[29]. Malgré tout, il semble qu'un nombre important d'enfants échappe au contrôle gouvernemental. Il ne faut pas se leurrer: à Lachine, la fréquentation scolaire est peu élevée au-delà de la quatrième année. Il est vrai, par ailleurs, que pour la couche sociale aisée, les enfants se dirigent plutôt vers les collèges privés. Le drame est que l'école publique ne réussit pas à éduquer les enfants des classes populaires.

Cependant, la population scolaire, pour les trois premières années, ne diminue pas pour autant. D'autres écoles doivent être construites, par exemple dans le quartier Dominion Park, l'école Duranceau ouvre ses portes le 7 septembre 1907, prête à reçevoir 40 garçons et filles. Puis, une œuvre de l'architecte Dalbé-Viau est construite en 1913[30], l'école Provost, nommée ainsi pour honorer le curé Émery Provost de la nouvelle paroisse du Très-Saint-Sacrement. Les sœurs de Sainte-Anne en sont responsables.

Quelques cours se donnent dans les écoles de la Commission scolaire de Lachine à l'automne de 1901: une classe d'affaires est créée pour les élèves du cours académique, au collège. Pour initier les jeunes à la pratique des affaires, une joute sur le droit commercial est organisée en présence des parents et des commissaires. Le sujet: les contrats. Sur vingt-quatre élèves, cinq seulement réussissent à gagner les honneurs. En septembre 1909, les sœurs de Sainte-Anne enseignent l'économie domestique pendant une demi-journée par semaine. Les frères des Écoles chrétiennes enseignent, eux, la sténographie anglaise et moderne.

Quant à l'école du soir, elle ne fonctionne pas régulièrement. Au mois de juillet 1905, les commissaires réclament de monsieur J.-A. Chauvet, député du comté de Jacques-Cartier (ce comté comprend Lachine dans son territoire), une école du soir. En novembre, elle accueille près de 170 personnes réparties en cinq classes: 2 classes d'anglais et d'arithmétique, 2 classes de français et d'arithmétique et une classe de français s'adressant aux Anglais et aux Irlandais. En novembre 1907, un cours s'ajoute: le dessin. Les enseignants Roy et Lepage se partagent la tâche, l'un enseignant le dessin linéaire, l'autre le dessin mécanique.

Or, en 1908, la Commission scolaire a besoin de fonds pour subvenir aux dépenses de l'école du soir, ne reçevant pas de subvention gouvernementale. Le Conseil municipal de Lachine lui octroie, en juin, un montant de 100 $ qui s'avère nettement insuffisant. Mais en septembre 1909, les écoles du soir ne peuvent plus fonctionner faute d'élèves. Cependant, le Conseil des arts et manufactures ouvre, tout de même, deux cours du soir, le 4 octobre 1909: le dessin mécanique et l'architecture ainsi que la menuiserie. Les coûts des salaires des enseignants sont couverts par le gouvernement provincial et la Commission scolaire de Lachine fournit le local, l'électricité et l'entretien des lieux, à l'académie Piché[31].

Le Conseil des arts et manufactures a été créé dès 1869 et le commissaire de l'Agriculture en assume la direction. Son rôle consiste à servir l'éducation et son action vise à améliorer la production industrielle et à augmenter la productivité pour rendre le Québec concurrentiel. En 1872, le Conseil des arts et manufactures renseigne le commissaire des Travaux publics, de l'Agriculture et le ministère de l'Instruction publique. À compter de 1876, le Conseil a le mandat de conçevoir un programme d'enseignement du dessin et, en 1905, il ne relève plus que du ministère des Travaux publics et du Travail[32].

Or, l'école du soir de Lachine, sous le contrôle du Conseil des arts et manufactures, éprouve, en 1919, quelques difficultés. Monsieur Lucien Sarra-Bournet, professeur de dessin mécanique et d'architecture, doit solliciter de l'argent du conseil municipal de Lachine, pour payer les dépenses d'entretien et de chauffage de l'école, comme c'est le cas pour les municipalités de Joliette et de La Tuque[33].

À l'hiver de 1924, un nouveau cours de couture est suivi en moyenne par 80 demoiselles. La Commission scolaire demande à la cité de Lachine un octroi pour rembourser les frais de ce cours. Le Conseil municipal accorde un montant de 150 $, mais ne renouvellera pas cette subvention l'année suivante[34]. L'école du Conseil des arts et manufactures peut de moins en moins maintenir un enseignement régulier à l'intérieur des cours du soir. L'école ouvre des cours d'art pour rejoindre une clientèle de la classe moyenne. Néanmoins, elle ne peut plus soutenir, avec ses maigres moyens, la concurrence des écoles techniques récemment ouvertes à Québec, Hull, Montréal, Trois-Rivières, etc. L'école de Lachine se réduit en 1929-1930 au solfège, d'autant plus, que le Conseil des arts et manufactures est aboli en 1928[35].

L'annexion

En 1912, au moment même où se poursuivent les activités entre la Commission scolaire de Lachine et le Conseil des arts et manufactures, un événement de nature juridique et politique survient: l'agrandissement du territoire municipal de Lachine.

Par la suite de la fondation de la Ville de LaSalle et d'un amendement à la charte de la cité de Lachine, les frontières des deux municipalités voisines sont modifiées sensiblement. Le 14 mars 1912, LaSalle et Lachine s'entendent pour délimiter de manière assez singulière ce qui reste de la municipalité de la paroisse des Saints-Anges[36]. Pour la somme de 500 $, le maire de LaSalle, Henri Bergevin, renonce officiellement à une partie du secteur industriel qui compte, entre autres, la compagnie Allis-Chalmers-Bullock. Le maire et les six conseillers de LaSalle cèdent, dans les faits, le droit de perception des taxes sur les propriétés foncières de l'industrie.

Les commissaires de Lachine constatant cette situation curieuse, engagent, à l'été 1912, l'avocat Alphonse S. Pelletier pour présenter à Québec un projet de loi, afin d'annexer «tout le territoire de la municipalité scolaire de la paroisse des Saints-Anges de Lachine, compris dans les limites territoriales de la cité de Lachine pour ses fins municipales...»[37]. Encore une fois, une modification juridique d'un territoire municipal pour les fins scolaires allait dans la même voie qu'une modification des frontières pour les fins civiles. Les commissaires de la municipalité scolaire des Saints-Anges ne s'opposent pas à la volonté des dirigeants de la Commission scolaire de Lachine. Cette dernière devait jouir, sur une courte période de deux ans, de sa juridiction sur l'ensemble du vaste territoire municipal. En 1914, une nouvelle commission scolaire va se former...

Nazaire Piché, curé de la paroisse de Lachine de 1860 à 1900 et président de la Commission scolaire de Lachine.
Source: Archives du musée de Lachine.

Le collège des garçons construit en 1875-1876 sur la rue Saint-Charles (15e avenue).
Photo prise en 1895.
Source: Archives du musée de Lachine

Une vue d'un quartier de Lachine: la *Dawes Brewery* vers 1900 situé sur la rue Saint-
Joseph entre la 27e avenue et la 28e avenue.
Source: Archives du musée de Lachine

À l'angle de la 12ᵉ avenue et de la rue Saint-Joseph, le Jardin d'enfants vers 1915.
Source: Archives du musée de Lachine

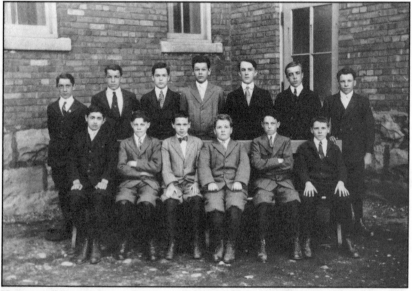

Un groupe d'élèves de la première classe de 5ᵉ année à Ville de Saint-Pierre vers 1915-1916.
Source: Archives de la Commission scolaire du Sault-Saint-Louis.

La chapelle école Saint-Nazaire en 1916.
Source: Archives de la Commission scolaire du Sault-Saint-Louis

Le frère Nicolas et le frère Louis supervisant les travaux sur le toit de la nouvelle académie Piché à l'automne 1915.
Source: Archives de la Commission scolaire du Sault-Saint-Louis

Lachine est une ville industrialisée; vue à l'intérieur d'une usine de la *Dominion Bridge* vers 1917.
Source: Archives du musée de Lachine

Un autre groupe d'élèves à Ville de Saint-Pierre en 1917.
Source: Archives de la Commission scolaire du Sault-Saint-Louis

L'académie Savaria à Lachine vers 1920.
Source: Archives du musée de Lachine

IV– LES CITOYENS DE LA PAROISSE DU TRÈS-SAINT-SACREMENT

Les contribuables du quartier Dominion Park, qui font partie, depuis 1910, de la nouvelle paroisse du Très-Saint-Sacrement, veulent également créer leur propre commission scolaire. Ils en informent, en 1914, la Commission scolaire de Lachine, mais les commissaires opposent un refus total à cette séparation de Lachine. D'après eux, dès la fondation de la Commission scolaire du Très-Saint-Sacrement, les dettes dues à des achats de terrains et à la construction de l'école Provost s'élèveraient à 60 000 $. En fait, la nouvelle commission scolaire posséderait un avantage indéniable: celui de pouvoir compter sur de nombreuses entreprises établies sur son territoire. La Commission scolaire de Lachine perdrait une source de taxes scolaires très appréciable. Cependant, des négociations sont entamées le 15 février et les contribuables Ulric Proulx, E. Bourbonnais, Zotique Rousseau et Archibald Numainville, représentants la paroisse du Très-Saint-Sacrement, s'entendent avec les commissaires pour diviser le territoire de Lachine[1]. Au coût de 50 000 $, la Commission scolaire du Très-Saint-Sacrement devient une réalité le premier juillet 1914.

La première réunion de cette commission scolaire se tient à l'école Provost le six juillet 1914 et le curé Émery Provost est nommé président. La fonction de secrétaire-trésorier revient à Napoléon Couture, qui reçevra un salaire annuel de 400 $. Le curé Provost et N. Couture sont soutenus dans leur travail par les commissaires Alfred Dumesnil, Arthur Demers et Archibald Numainville. Le territoire de la Commission scolaire du Très-Saint-Sacrement est situé au nord de la voie ferrée qui traverse Lachine d'est en ouest, entre la 1ʳᵉ et la 14ᵉ avenue; limité au nord-est, par la paroisse de Saint-Pierre-aux-Liens.

Une assise financière

Très tôt, le curé Provost s'attaque au problème de la situation financière précaire de la Commission scolaire du Très-Saint-Sacrement qui doit verser à la Commission scolaire de Lachine la somme de 50 000 $, en 1916, comme le stipule l'entente. Ainsi, en novembre 1914, les commissaires fixent le taux de la taxe scolaire à 50 cents par 100 $ d'évaluation sur les biens immeubles de la municipalité scolaire du Très-Saint-Sacrement. De juillet à novembre, les dépenses mensuelles s'élevaient à 475 $ et aucune rentrée fiscale ne venait compenser les dépenses. Or, le premier janvier 1915, l'intérêt de la dette due à la Commission scolaire de Lachine se chiffre à 1 500 $.

En prévision du paiement de l'intérêt et du capital de la dette, le surintendant de l'Instruction publique approuvait, le 15 juillet 1914, un emprunt de 5 000 $, à 6 % d'intérêt annuel, par la Commission scolaire du Très-Saint-Sacrement[2]. D'autres emprunts permettent à la fin de l'année de compter sur une liquidité suffisante pour en effectuer le remboursement. De plus, en novembre 1915, les commissaires fixent à 25 cents le cours et par enfant, la rétribution mensuelle payée par les parents.

La vie administrative et financière des commissaires connaît peu de soubresauts, sauf en 1924. Cette année-là, les états financiers de la Commission scolaire du Très-Saint-Sacrement enregistrent un déficit. Le secrétaire-trésorier, Napoléon Couture, qui sort de charge en juin, est mis en cause parce qu'il doit une somme de 2 483,86 $ plus les frais de 1 200 $ de vérification comptable. M. Couture reconnaît ses erreurs

qui ne seraient pas, selon ses affirmations, dues à de mauvaises inten-
tions, mais plutôt à un manque d'expérience et à la négligence. cause
de ses responsabilités familiales, M. Couture espère que les commissaires vont se montrer indulgents. Il offre de payer 100 $ par mois à
la Commission scolaire jusqu'à l'effacement de sa dette. Une poursuite
est intentée par la Commission scolaire, mais le différend se règle hors
cour.

En décembre 1925, Napoléon Couture cède à ses créanciers sa
propriété évaluée à 4 710 $, mais grevée d'un hypothèque, de sorte
qu'elle ne vaut que 1 200 $. Sa fille Albina cède également sa maison
d'une valeur de 2 850 $ (moins les hypothèques elle ne vaut que
1 850 $). C'est l'arrangement qui semble satisfaire les commissaires
d'écoles pour combler le déficit financier[3].

Le développement des écoles

Près de 200 élèves s'inscrivent à l'école Provost en 1913 et en 1915;
ce nombre est bientôt porté à 325. L'accroissement de la clientèle scolaire est constante et l'enseignant est obligé de donner un cours à une
classe de 65 élèves.

Le 13 février, les commissaires décident de faire construire une
école sur la rue Sainte-Catherine (Provost). Mais, à l'assemblée du 9
mars 1915, 24 contribuables de la paroisse du Très-Saint-Sacrement
retardent le projet. En attendant, l'école Provost a un urgent besoin
d'espace et les commissaires font transformer la salle de récréation en
classes. La situation est à ce point alarmante que

> les enfants en sont réduits pour leurs jeux à un couloir exigu. Les institu-
> trices sont forcées de garder en classe, une partie des élèves pendant que
> les autres sont en récréation[4].

Cette situation devait changer en 1917 avec la construction d'une
nouvelle école sur la rue Sainte-Catherine (Provost) entre la 4e et la 5e
avenue. Les architectes sont Venne et Viau, et les travaux débutent en
septembre. Ils sont à peine commencés que les entrepreneurs Fournier
et Frères sont instruits du refus de la cité de Lachine d'accorder le

permis de construction, parce que les matériaux n'ont pas de résistance à la chaleur. Les travaux reprendront au mois de novembre.

Pour pallier le retard de l'ouverture de l'école, les commissaires achètent les maisons de Ulric Proulx, au prix de 4 506 $, et de Ovide Viens, au montant de 2 672,50 $, toutes deux situées sur le côté ouest de la 2e avenue[5]. Elles servent à installer quelques classes. Enfin, à l'hiver de 1919, l'académie Très-Saint-Sacrement ouvre ses portes. Les sœurs de Sainte-Anne dirigent la nouvelle école destinée aux jeunes filles seulement. L'école Provost ne reçoit plus que des garçons, des élèves de langue maternelle française de l'élémentaire jusqu'à la neuvième année et des élèves de langue anglaise jusqu'en septième année.

Le personnel de la Commission scolaire du Très-Saint-Sacrement: une comparaison

Durant l'année scolaire de 1914-1915, les instituteurs engagés à la seule école de la Commission scolaire, l'école Provost, sont Émile Lanthier et Théodule Ouellette, rémunérés au salaire annuel de 700 $. Ce dernier est également le principal de l'institution. Pour les seconder dans leur travail, une autre institutrice, Stella Ennis enseigne, mais à un salaire mensuel de 30 $ (les sœurs de Sainte-Anne sont aussi présentes à l'école Provost)! Un gardien, Alphonse Cadieux est embauché à cette école entre le premier décembre 1914 et le premier mai 1915 au salaire de 40 $! Or, l'entretien des lieux est plutôt confié au secrétaire-trésorier, Napoléon Couture[6].

En 1917, la Commission scolaire du Très-Saint-Sacrement exige des instituteurs et institutrices de tenir résidence à l'intérieur des limites de la paroisse et de surveiller les enfants de l'école Provost lorsqu'ils se rendent à la messe le dimanche.

Le personnel enseignant et laïque de la Commission scolaire n'est pas rémunéré équitablement. Par exemple, durant l'année scolaire 1927-1928, la moyenne des salaires annuels des instituteurs s'élève à 1 400 $ et celle des institutrices à 547 $. La Commission scolaire compte deux instituteurs seulement, mais quatorze enseignantes. Pourtant huit d'entre elles possèdent les mêmes diplômes que les hommes (voir tableau A).

Tableau A

Salaires annuels des instituteurs et des institutrices de la Commission scolaire du Très-Saint-Sacrement, année 1927-1928[7]

J. Achille Daoust:	1 600,00 $
Adélard Breton:	1 200,00 $
Mary Whitty:	700,00 $
Maria Ferland:	675,00 $
Marie-Alice Lalonde:	650,00 $
Helen Smith:	600,00 $
Cécile Ferland:	600,00 $
Hortense Gélinas:	600,00 $
Alice Rochon:	500,00 $
Mabel Kane:	500,00 $
Lucille Cousineau:	475,00 $
Jeanne Goyette:	475,00 $
Yvette Lefebvre:	475,00 $
Flore Meunier:	475,00 $
Agnès Walton:	475,00 $
Cécile Durocher:	450,00 $

À la Commission scolaire de Lachine, l'écart des salaires versés aux hommes par rapport à ceux versés aux femmes, pour l'année 1927-1928, est moins prononcé qu'à la commission scolaire rivale. Les hommes gagnent en moyenne 1 180 $ et les femmes 560 $, ce qui représente tout de même le double du salaire (voir tableau B).

Tableau B

Salaires annuels des instituteurs et institutrices catholiques de la Commission scolaire de Lachine pour l'année scolaire 1927-1928[8]

Thérèse Steele:	450,00 $
Marie-Anne Mainville:	450,00 $
Berthe Lamer:	775,00 $
Exilia Pilon:	575,00 $
Blanche Comeau:	625,00 $
Simone Lefebvre:	525,00 $
Florida Généreux:	575,00 $
Thérèse Dubois:	550,00 $
Lucia Boulet:	450,00 $
Ovide Guimond:	1 375,00 $
Roch Toupin:	1 375,00 $
G. Flanagau:	875,00 $
Alphonse Dion:	1 350,00 $
Henri Domon:	1 250,00 $
Francis Robineau:	1 100,00 $
François Lamer:	950,00 $

Il faut également déplorer la formation insuffisante des enseignants, durant les années vingt au Québec. La majorité d'entre eux n'a qu'un brevet de capacité octroyé par le Bureau central des examinateurs. Chez les religieux, l'habit semble être la seule garantie de leur compétence car ils ne sont pas tenus de posséder un brevet.

D'ailleurs, l'obligation de détenir un diplôme de l'école normale ne sera requise qu'en 1939. Les enseignants de la Commission scolaire de Lachine possèdent pour la plupart, durant la période des années vingt, des diplômes «académiques» ou «élémentaires». Les sœurs de

Sainte-Anne reçoivent, en 1920 un salaire annuel de 450 $ et les frères des Écoles chrétiennes, en plus d'être logés, touchent 600 $ annuellement. Bref, les inégalités salariales se retrouvent aussi dans les communautés religieuses.

Cependant, les salaires versés dans le domaine de l'éducation reflètent les mêmes types d'écarts de revenus entre les hommes et les femmes au sein de la société canadienne. Ainsi, pour l'année 1928-1929, la moyenne des salaires des hommes s'établit à 1 321 $ et pour les femmes à 682 $[9]. L'enseignant masculin se classe à peine dans la moyenne des salaires versés aux hommes dans la région montréalaise (voir tableau C).

Le progrès des écoles de la Commission scolaire de Lachine

Pendant que la Commission scolaire du Très-Saint-Sacrement remboursait sa dette, la Commission scolaire de Lachine décidait, en 1915, de reconstruire à neuf l'académie Piché. Les plans de la nouvelle école sont confiés aux architectes Venne et Viau qui doivent tenir compte de la possibilité d'établir, à l'intérieur des murs, une section industrielle. À la fin de 1916, les coûts des travaux s'élèvent à 207 336 $. Dès lors, les locaux de l'académie Piché peuvent accueillir les élèves.

Ces élèves peuvent compter sur une fanfare, due à une initiative des commissaires. Mais, en 1922, la Commission scolaire de Lachine cède les instruments de musique et les habits à la paroisse des Saints-Anges. Pourtant, la Commission scolaire de Lachine continue de payer un professeur et de fournir les salles de classes de l'académie Piché.

L'école industrielle, prévue depuis 1916, se réalisera en 1930. Le cours technique et industriel s'ajoute au cours primaire complémentaire existant. La proximité des industries assure des débouchés aux machinistes, mécaniciens, tourneurs, modeleurs, etc., de Lachine. Sous l'impulsion du frère Théophilus et avec l'aide du gouvernement provincial, l'installation d'un outillage moderne, de salles de dessin,

Tableau C

Revenus annuels moyens des employés adultes de sexe masculin, Montréal 1928-1929[10]*

		% des employés
Administrateurs	3438	2,8
Membres des professions libérales	2347	4,1
Employés de commerce	1972	4,0
Cadres (contremaîtres et surveillants)	1752	4,1
Employés de bureau	1336	9,2
Moyenne générale	**1321**	
Travailleurs qualifiés	1270	20,6
Vendeurs	1367	4,1
Travailleurs intermédiaires (services)	1000	4,1
Travailleurs partiellement qualifiés	1000	10,9
Travailleurs peu qualifiés (services)	783	3,4
Travailleurs sans qualifications	836	29,3

* 1927-1928: L'enseignant adulte de la Commission scolaire de Lachine: 1 180 $

L'enseignant adulte de la Commission scolaire du Très-Saint-Sacrement: 1 400 $

de laboratoires, d'ateliers d'ajustage et de menuiserie permet la réalisation de l'école industrielle. Concrètement, le gouvernement alloue, en décembre 1930, une subvention de 25 000 $ qui sert au financement de la nouvelle institution. Un octroi supplémentaire de 175 000 $ représente la moitié du coût total de l'installation et la part du gouvernement pour ouvrir, le premier janvier 1931, l'école industrielle[11].

Les jeunes filles bénéficient, en 1931, d'une école ménagère à l'académie Savaria. La création des écoles ménagères régionales est imputable à la réforme scolaire, en 1923, au Québec. Les demoiselles et les jeunes religieuses peuvent, à partir de 1928, suivre un cours de deux ans dont les matières principales sont la religion, la pédagogie familiale, la couture, les travaux de l'aiguille, l'hygiène, la botanique, l'horticulture, l'agriculture, l'art culinaire, les sciences naturelles, le français, la méthodologie, l'histoire, l'anglais, la comptabilité, etc. Évidemment, le programme est trop chargé et les élèves de ce cours ne voient que superficiellement ces matières. En 1930-1931, dans l'ensemble de la province, sur une population totale estimée à 45 227 filles dites «scolarisables» (âgées de 16 ans et plus), seulement 10 864 s'inscriront dans les écoles, ce qui représente à peine 25 %[12]. L'école ménagère de Lachine reçoit un octroi gouvernemental de l'ordre de 24 000 $ pour subvenir à la moitié du coût total des frais d'installation[13].

Pendant que la Commission scolaire du Très-Saint-Sacrement tente de s'implanter solidement à Lachine, sa rivale s'affirme en offrant des cours plus élaborés. Ces cours tentent de rejoindre de manière plus adéquate les besoins des jeunes Lachinois. La Commission scolaire de Lachine est en avance sur la commission scolaire de la paroisse voisine à un point tel que, vers la fin des années quarante, elle est l'une des rares commissions scolaires à posséder un directeur général des écoles. Monsieur J.-Georges Chassé occupera ce poste pendant vingt ans. Mais, à l'est de Lachine, une autre commission scolaire vieille de plus de cinquante ans poursuit toujours ses activités. Il y aurait tout lieu d'examiner l'orientation prise par la Commission scolaire de la paroisse des Saints-Anges et d'en observer l'évolution.

V– LA COMMISSION SCOLAIRE DE LASALLE (1894-1932)

La Commission scolaire de la paroisse des Saints-Anges de Lachine a concédé une partie du territoire correspondant à la superficie des villes de Dorval et de Lachine. Bien que le nom de la Commission scolaire de la paroisse laisse croire à son rattachement à la municipalité de Lachine, elle n'a juridiction, en 1912, que sur la Ville de LaSalle. Mais les liens qui unissent la Commission scolaire de la paroisse avec les dirigeants ecclésiastiques et politiques de la Ville de Lachine prendront plusieurs années avant de s'effacer. Pour un cas précis, le curé de l'église des Saints-Anges de Lachine, Télesphore Savaria, avant sa mort, en 1916, assume pendant plusieurs années la présidence des commissions scolaires de Lachine et de la paroisse des Saints-Anges.

À compter de 1916, les LaSallois vont progressivement s'affranchir en développant leurs propres institutions religieuses et scolaires. En 1922, une étape symbolique est franchie: les commissaires changent le nom de la municipalité scolaire de la paroisse des Saints-Anges de Lachine en celui de Commission scolaire de la Ville de LaSalle.

Une nouvelle école, une nouvelle paroisse

La scission, en 1900, de la partie ouest du territoire scolaire de la paroisse correspond au territoire de la ville de Dorval. Le président de la Commission scolaire de la paroisse des Saints-Anges, M. John

Parker, est un citoyen résidant non loin des rapides, sur le Lower Lachine Road (boulevard LaSalle). Or, la maison de Parker sert, cette année-là, d'école au coût de location de 5 $ mensuellement[1]. Lors du décès de John Parker en 1907, le curé Savaria prend la relève à la tête de la Commission scolaire. Un fait plutôt rare à l'époque, au mois de juillet 1903, Mme Joséphine Robert est nommée «assistante secrétaire-trésorier» de la Commission scolaire. En décembre 1903, Hormisdas Robert, comptable de la Ville de Lachine, est nommé secrétaire-trésorier[2].

En 1908, l'école du Bas-Lachine (LaSalle), est déménagée dans le quartier «Centre», dans la maison de Henri Bergevin, près du boulevard LaSalle et la 63ᵉ avenue[3]. Une autre école, en 1909, près de la côte Saint-Paul est réparée au coût de 788 $ par l'entrepreneur-menuisier, Jean-Baptiste Barbeau[4]. L'enseignante embauchée en janvier 1912, à l'école de l'arrondissement de la côte Saint-Paul, Mlle Émilie Gadbois, est remplacée dès juin, par Mlle Catherine Blain. L'école du Bas-Lachine est dirigée par Mlle Alice Beaudoin. Mesdemoiselles Blain et Beaudoin reçoivent chacune un salaire annuel de 225 $. Ces institutrices comptent sur la présence mitigée des enfants: 12 sur 17 élèves inscrits, à la côte Saint-Paul, et 12 sur 19 élèves du Bas-Lachine. Cette situation est fort remarquée par l'inspecteur d'écoles J.E. Lefebvre qui se demande où sont passés les 87 enfants âgés de 5 à 16 ans de la municipalité[5].

En 1915, sur la terre de l'ancien commissaire, Siméon Gagnon, située sous l'emplacement actuel du pont Mercier, une petite école est installée dans une maison du quartier Highlands de LaSalle. L'année suivante, les LaSallois veulent prendre en charge la situation scolaire et religieuse. En effet, à une assemblée des commissaires d'écoles, Jean-Baptiste Beyries fait don d'une partie du lot 985, près de l'actuelle 65ᵉ avenue à LaSalle, pour favoriser la construction d'une chapelle-école dite «des Rapides». Cette chapelle donnera naissance, quelques décennies plus tard, à la paroisse Saint-Télesphore. Au cours de cette séance, Joseph Bélanger, également commissaire, offre un terrain près des rues Bélanger et Centrale, pour la construction de la chapelle-école Saint-Nazaire. La religion catholique et l'éducation devaient faire bon ménage, Saint-Nazaire devenant la première paroisse de Ville de LaSalle.

Cependant, les LaSallois témoignent d'un manque d'imagination dans le choix des noms d'écoles. À Lachine, il existe les académies Piché et Savaria; alors que feront les LaSallois? Les noms des curés Nazaire Piché et Télesphore Savaria étant déjà pris, il ne restait plus qu'à utiliser les prénoms. En l'honneur du curé Savaria, les commissaires fondent l'école Saint-Télesphore et à la mémoire du curé Piché, la première paroisse de LaSalle et la petite école primaire prennent le nom de Saint-Nazaire.

En avril 1917, les bureaux de la Commission scolaire de LaSalle sont aménagés à l'hôtel de ville de LaSalle, au 13 avenue Strathyre. Le 22 décembre, la Commission scolaire compte une clientèle catholique de 67 élèves, dont 45 fréquentent l'école Saint-Nazaire et 22 l'école Saint-Télesphore. Exceptionnellement, les sœurs de Sainte-Anne ont enseigné près de cinq ans (1920 à 1925) à l'école Saint-Nazaire, au même salaire annuel que les laïques, soit 350 $[6].

En 1923, le quartier résidentiel en bordure de Verdun, le Bronx Park accroît sa population. Les enfants fréquentent alors l'école Sainte-Rose-de-Lima, logée dans la maison d'Albert Pilon, au 33 de la 2e avenue. Les institutrices sont Alexandrine Rochon et Rose Dubuc. En septembre 1924, l'école déménage temporairement dans une autre résidence prêtée cette fois par Marcel Borduas. Or, deux mois plus tard, les quatre classes aménagent dans un autre lieu, à l'angle de la rue Édouard et de la 4e avenue. Elle conserve tout de même, le nom d'école Sainte-Rose-de-Lima, mais en 1926, elle devient l'académie LaSalle. En avril 1927, à cause de la création de la paroisse Notre-Dame-du-Sacré-Cœur, la nouvelle chapelle s'installe à l'étage de l'académie LaSalle qui prend le nom d'école Notre-Dame-du-Sacré-Cœur. Aujourd'hui, l'école est devenue le centre communautaire et culturel Henri-Lemieux.

Dans le quartier Bronx, la clientèle scolaire ne cesse d'augmenter et les commissaires choisissent d'édifier une école de filles en face de l'école Notre-Dame-du-Sacré-Cœur. Les garçons occupent donc des locaux distincts des filles. La nouvelle institution porte le nom du curé Allion et les sœurs de la Présentation de Marie prennent charge, en 1932, de l'enseignement à l'école Allion. Puis, en 1935, une autre communauté religieuse s'installe: les frères du Sacré-Cœur enseigneront désormais aux garçons.

La difficulté de construire des écoles

Les écoles à LaSalle survivent entre les années 1900 et 1920 grâce à l'intervention de commissaires plus sensibles aux questions d'éducation (ex.: John Parker, Henri Bergevin, Siméon Gagnon, etc.). À compter des années vingt, le développement d'institutions scolaires s'accélère à cause de la nécessité de répondre aux besoins d'une population sans cesse croissante. En effet, en 1913, LaSalle était une ville de 707 habitants[7] qui ressemblait davantage à un village. Mais, peu à peu, LaSalle double et même triple sa population, à tous les dix ans, et ce, jusqu'aux débuts des années soixante-dix[8]. Pour répondre aux besoins de la population et d'une nouvelle clientèle scolaire, il faut construire des écoles primaires. Mais les commissions scolaires se heurteront à quelques difficultés...

Le contrat de construction des écoles Saint-Nazaire et Saint-Télesphore est accordé à l'entrepreneur Adolphe Gauthier. Au mois d'août 1916, les travaux sont arrêtés après deux mois seulement car M. Gauthier veut réouvrir l'entente conclue avec les commissaires. La réaction de la Commission scolaire ne se fait pas attendre: «Le contracteur doit respecter ses engagements.» Or, constatant l'entêtement de M. Gauthier, les commissaires changent d'idée pour confier le creusage des terrains à M. Alphonse Laplante, «sous-contracteur de M. Gauthier». Au mois de septembre 1916, le reste du contrat d'une valeur de 14 550 $ est donné à M. Joseph Archambault.

Le cordon ombilical entre les LaSallois et leurs voisins de Lachine n'est pas encore coupé; la Commission scolaire emprunte à la fabrique de la paroisse des Saints-Anges de Lachine la somme de 16 500 $ à un taux d'intérêt annuel de 6 %, pour réaliser les deux projets d'écoles. Mais à la fin de l'hiver 1917, M. Joseph Archambault suspend les travaux à cause des effets du froid sur les chantiers. À la suite d'une mise en demeure des architectes Vautrin et Bernier, les ouvriers retourneront au travail pour terminer l'édification des écoles Saint-Nazaire et Saint-Télesphore; la menace de mesures judiciaires faisant plier l'entrepreneur[9].

Les relations entre la Commission scolaire et le conseil municipal

Quelles peuvent être les relations entretenues entre la Commission scolaire de la paroisse de Lachine et le Conseil municipal de LaSalle À première vue, elles sont cordiales ou, du moins, sans manifestation d'animosité. Plusieurs citoyens siègent à la fois comme conseiller et commissaire. Entre 1913 et 1916, la Commission scolaire est présidée par J.T. Savaria, secondé par les commissaires Joseph Bélanger (père), Jean-Baptiste Beyries, Henri Bergevin et Napoléon Pigeon. Le Conseil municipal de 1915 à 1917 est composé du maire Cyril-Charles Lapierre et des échevins Thomas R. Smith, Samuel A. Morrisson, François-Xavier Bélanger, Anatole Carignan, Jean-Baptiste Beyries et Napoléon Pigeon[10]. Nous constatons donc que de 1915 à 1916 messieurs Beyries et Pigeon occupent en même temps deux postes politiques. Par ailleurs, François-Xavier et Joseph Bélanger font partie de la même famille. S'il n'en tient qu'aux Bélanger, Pigeon et Beyries, les décisions du Conseil municipal et celles de la Commission scolaire peuvent plus aisément s'harmoniser.

Or, en 1915, quelques événements, sans aucun lien en apparence, mettent en évidence le rôle des commissaires d'écoles dans la politique municipale. En avril, le maire suspend le secrétaire-trésorier Frédéric Lafleur pour incompétence dans la tenue des livres. M. Lafleur occupe la même fonction à la Commission scolaire. Le jugement du maire se devait d'être pris en considération d'autant plus qu'il avait déjà, dans le passé, assumé le poste. Mais les échevins rejettent les allégations du maire Lapierre pour réinstaller M. Lafleur dans ses fonctions. De plus, une résolution est adoptée pour que le secrétaire-trésorier soit le seul à signer les chèques de la municipalité[11].

Pourquoi un tel désaveu à l'endroit du maire? Que s'est-il passé? À la fin du mois d'avril, le Conseil municipal reçoit une plainte de la Commission scolaire de la paroisse des Saints-Anges à propos de l'évaluation des propriétés de la *Montreal Light Heat & Power*, situées sur le chemin Riverside Drive (boulevard LaSalle). Les terrains et le barrage de la *Montreal Light Heat & Power*, évalués en 1913 à 200 000 $, chutent l'année suivante, à 55 000 $. Pourquoi l'évaluation a-t-elle baissée aussi radicalement? Les commissaires s'inquiètent avec raison de la diminution des taxes scolaires liée à la valeur des biens imposables fixée par le rôle d'évaluation.

Le Conseil municipal répond:

> le conseil ne croit pas pour le moment pouvoir faire les changements au rôle d'évaluation qui est maintenant en vigueur, mais fera son possible pour remédier à cela à l'avenir[12].

La récession économique de 1913-1914 n'explique pas entièrement la baisse spectaculaire de la valeur des biens imposables. Il faut chercher du côté des évaluateurs pour comprendre l'intervention des commissaires. En 1913, les évaluateurs engagés par la Ville étaient messieurs W. Thierry, W.-H. Bruning et Frédéric Lafleur! En 1914, ce sont messieurs W. Lesage, Jean-Baptiste Beyries (!) et Cyril-Charles Lapierre (!) qui occupent les postes[13]. Normalement, les commissaires auraient dû connaître la raison du changement de l'évaluation de la compagnie d'électricité puisqu'un des leurs, J.-B. Beyries était évaluateur en 1914 et conseiller municipal en 1915. Pourtant, la Commission scolaire adresse une plainte, probablement pour mettre dans l'embarras le maire Lapierre (plus ou moins populaire à l'époque) qui avait été secrétaire-trésorier et évaluateur en 1914. De son côté, Cyril-Charles Lapierre voulait faire peser le blâme des erreurs de comptabilité sur les épaules de M. Lafleur, mais l'establishment laSallois fit entendre un autre son de cloche...

De 1910 à 1920, les élections municipales et scolaires ne sont pas souvent l'objet de luttes politiques. Les commissaires et les conseillers sont élus par acclamation. Les postes politiques sont donc accaparés par un groupe restreint d'individus. Ce phénomène n'est pas particulier à LaSalle, il peut se produire dans les autres municipalités. Mais le fait d'être à la fois présent au Conseil municipal et aux séances des commissaires d'écoles se poursuit tout au long du vingtième siècle. Anatole Leroux occupera la présidence de la Commission scolaire et la mairie de LaSalle durant les années quarante[14].

Un groupe d'élèves de l'académie Piché en 1928.

L'harmonie de l'académie Piché durant les années trente, sous la direction de M. Benoît Verdickt.

Source: Archives de la Commission scolaire du Sault-Saint-Louis

La rue Notre-Dame à l'est de la 10ᵉ avenue vers 1930 à Lachine.
Source: Archives du musée de Lachine

L'académie Piché: un groupe d'élèves d'une classe technique vers 1939-1940.
Source: Archives de la Commission scolaire de Sault-Saint-Louis

Une classe de travaux manuels dirigée par messieurs Georges Chassé et Francis
Robineau à Piché en 1948.
Source: Archives de la Commission scolaire de Sault-Saint-Louis

Le conseil des commissaires à Ville de Saint-Pierre en 1942.
Source: Archives de la Commission scolaire de Sault-Saint-Louis

À l'académie Piché en 1949, les parents et les enfants visitent un atelier de métallurgie de l'enseignant Georges Chassé.
Source: Archives de la Commission scolaire de Sault-Saint-Louis

À l'académie Piché en 1949, un laboratoire de science.
Source: Archives de la Commission du Sault-Saint-Louis

Vers 1949, les dirigeants et les enseignants de la Commission scolaire de LaSalle.
À partir de la 1ère rangée dans l'ordre habituel MM. Gervais, Anatole Leroux, Byrne T.
Clément, Paul Laplante, Willie Larente, le frère Romuald, Albert Gravel (secrétaire),
l'inspecteur D. Ducharme, le père Ouellet, Napoléon Beauchamp, le père Godbout et le
frère Cliche.
Source: Archives de la Commission scolaire de Sault-Saint-Louis

L'école Immaculée à LaSalle en 1940.
Source: Archives de la Commission scolaire du Sault-Saint-Louis

VI– LA COMMISSION SCOLAIRE DE SAINT-PIERRE-AUX-LIENS (1894-1934)

La Ville de Saint-Pierre est une petite localité dans le sud-ouest de l'île de Montréal. Elle est entourée à l'ouest par la paroisse du Très-Saint-Sacrement; au sud par le canal de Lachine et au nord-est par Montréal-Ouest. Ces limites correspondent également au territoire de la Commission scolaire de Saint-Pierre-aux-Liens. En 1973, lors de la régionalisation des corporations scolaires, cette commission scolaire allait être intégrée à la Commission scolaire du Sault-Saint-Louis.

Le développement urbain de la Ville de Saint-Pierre est marqué par la disparition des points de repère importants, sous le Régime français: la rivière Saint-Pierre et le lac aux Loutres. Ces cours d'eau furent asséchés au XIXᵉ siècle en raison de la construction du canal de Lachine. Les lieux aujourd'hui sont traversés par la route 2-20, les voies ferrées et la cour Turcot. La proximité du canal a donné un élan à la Ville et suscité l'installation de quelques compagnies, notamment la *Canadian Car and Foundry.*

Le 27 février 1893, la municipalité de village de coteau Saint-Pierre dans la paroisse Notre-Dame-de-Grâce est érigée civilement. La première assemblée du village eut lieu, le 8 janvier 1894, et les premiers conseillers municipaux furent messieurs Jérémie Monette, Antoine

Parent, C. Desjardins, E.-G. Evans, William Trenholme, J. Deschamps, et le maire, Georges Leclaire. En 1908, le village devient la Ville de Saint-Pierre, selon la loi des cités et villes de 1903 du Québec.

Les lois scolaires et municipales de la fin du XIXe siècle sont liées de telle sorte que l'établissement d'une municipalité de village ou de paroisse entraîne l'érection de la municipalité scolaire. Par un arrêté en conseil, le département de l'Instruction publique établit, le premier juillet 1894, la municipalité scolaire du village de Saint-Pierre-aux-Liens[1]. Le territoire de la nouvelle commission scolaire comprend les limites du village de Saint-Pierre. En 1894, la corporation scolaire jouit des pouvoirs dévolus aux commissions scolaires pour lever les taxes scolaires sur le territoire municipal.

À l'assemblée des propriétaires de biens-fonds du 9 juillet 1894, le président d'élection Georges Leclaire déclare messieurs Azarie Guimond, Alfred Arcand, Séraphin Laplaine, Ovila Gagné et Joachin Gagnon élus, commissaires d'écoles. Les devoirs des commissaires sont régis par la loi de l'Instruction publique. Le président doit savoir lire et écrire. Cette procédure est exigée par la loi pour prévenir une situation antérieure: la guerre des éteignoirs. Ces commissaires élus doivent être des «personnes propres et convenables»[2]. Le mandat, à compter de 1894, est d'une durée maximum de trois ans. À la fin de la première année d'existence de la Commission scolaire, les commissaires tirent au sort pour déterminer lesquels d'entre eux doivent sortir de charge. Ainsi, messieurs Ovila Gagné et Joachin Gagnon peuvent être remplacés à l'occasion d'une élection lors d'une assemblée générale ou, à défaut, par voie de nomination du lieutenant-gouverneur en conseil. Deux autres commissaires seront désignés de la même manière à l'expiration de la seconde année et le dernier, privilégié par le sort, doit quitter à la fin de la troisième année.

Le clergé et les commissaires de Saint-Pierre-aux-Liens

À ses débuts, l'école de la Commission scolaire se tient à la chapelle, propriété de la fabrique de la paroisse. En 1899, une somme de cent dollars est payée pour le loyer des classes. Les cours sont donnés par des institutrices laïques, dans une école mixte. Mais cette double situation (l'institution mixte et des enseignants laïques) n'a pas l'heur de plaire aux membres du clergé. À l'époque, les curés s'opposent parfois à l'école primaire tenue par des laïques.

À la Ville de Saint-Pierre, l'école primaire redevient, en 1907, un lieu confié aux communautés religieuses. Or, entre 1894 et 1910, les représentants religieux sont absents du groupe des commissaires d'écoles. Ces derniers ne sont pas tous sur la même longueur d'ondes; au mois de juillet 1910, sur une proposition de Jos Royal, la présidence est offerte au révérend Jean-Placide Desrosiers, curé de la paroisse Saint-Pierre-aux-Liens[3]. L'élection ne fait pas l'unanimité chez les commissaires: Napoléon Galipeau la conteste ouvertement. Le 14 septembre 1910, le commissaire L. Gauron affirme:

> monsieur le curé J.-P. Desrosiers ne veut pas reconnaître qu'il avait à annoncer l'ouverture des classes; son attitude est dommageable pour les commissaires et peut faire du tort aux classes[4].

Face à une opposition aussi ferme, le curé Desrosiers démissionne. Mais au mois d'août 1911, des procédures sont entamées contre les commissaires Napoléon Galipeau et E. Charlebois qui négligeraient de se rendre aux séances de la Commission scolaire. Entre temps, le curé accède à nouveau à la présidence et, en avril 1913, il est encore question de forcer les commissaires E. Charlebois et N. Galipeau à «remplir leur devoir comme commissaire d'écoles»[5]. Les tensions entre laïques et les partisans d'un retour des religieux ont pris quelques années avant de se régler. La Commission scolaire de Saint-Pierre-aux-Liens confirmera son caractère catholique au cours des années subséquentes (1915 à 1930).

Au point de départ soit de 1894, à 1907, les institutrices laïques s'occupent des classes. Elles ont pour nom: Mlle M.-D. Thibault (1894), Mme Dupuis (1895), Mme D. Gauthier (1895 à 1902), avec l'aide de Mlles Martin et Lemieux, Mme Gaudreault et sa fille (1902 à 1904), Mme Mc Nullen et la sous-maîtresse Germaine Beaudin (1904-1905), H. Boire, Mlle Julia Major et Mlle Mathilde Guay (1906-1907). Cette succession d'institutrices au sein du personnel laisse penser que des problèmes couvent à la Commission scolaire de Saint-Pierre. Les salaires de ces femmes ne dépassent jamais la somme de 200 $ annuellement, se situant en moyenne entre 130 $ et 175 $. En 1906-1907, la situation scolaire laisse à désirer, les élèves font l'école buissonnière. L'arrivée des sœurs de Sainte-Anne redresse une situation pénible car les enfants s'adonnaient aux boissons enivrantes. Le malaise à la Commission scolaire s'estompe faute d'une opposition à la venue d'un personnel enseignant religieux. Ainsi, les frères Maristes prennent la charge, en 1912, de l'éducation des garçons à l'école Desrosiers.

La perception des taxes entre protestants et catholiques

À Lachine, Ville de Saint-Pierre ou ailleurs, les commissions scolaires perçoivent des taxes générales ou spéciales, des rétributions mensuelles des parents, et elles peuvent recevoir à l'occasion des subsides gouvernementaux. Parmi les taxes foncières, l'une des plus importantes à Ville de Saint-Pierre, la taxe des neutres, est imposée aux commerces et aux industries. Cette taxe sert à financer au Québec les deux systèmes scolaires distincts: protestant et catholique. Or, en 1895, la perception de cette taxe pose un problème parce que les commissaires de la nouvelle Commission scolaire de Saint-Pierre ne savent pas si ce sont eux ou les protestants du coteau Saint-Pierre qui percevront les taxes de chemin de fer. Les protestants prétendent qu'ils ne sont pas concernés par l'érection du village de Saint-Pierre-aux-Liens en municipalité scolaire. Un avis est demandé au surintendant de l'Instruction publique pour en arriver à une solution. Le surintendant Boucher de La Bruère répond dans la lettre du 15 mai 1895:

Selon les dispositions de l'article 1973 (corporation des commissaires catholiques et protestants) celle de ces deux corporations qui contient le plus grand nombre de contribuables portés au rôle d'évaluation sera tenue de prélever des cotisations affectant ces propriétés et d'en faire la division au prorata du nombre des enfants dans chacune d'elles[6].

Cela favorisait la commission scolaire catholique parce qu'elle était la plus nombreuse. En 1897, le comité protestant du conseil de l'Instruction publique lance une campagne pour répartir la taxe des neutres en fonction de l'appartenance religieuse des propriétaires des commerces et des industries.

La réaction des catholiques ne se fit pas attendre, de 1897 à 1900, le débat monopolisa l'attention dans le monde de l'éducation. Le système de financement des écoles était inégalement partagé dans son ensemble entre les catholiques et les protestants. Par exemple, à Montréal les non-catholiques, entre 1897 et 1910, constituent à peine 25 % de la population totale et les commissions scolaires protestantes reçoivent, en taxes foncières (générales ou spéciales), le même montant que la Commission des écoles catholiques. En pratique, dans le secteur public, cela signifiait que les protestants avec 10 991 élèves obtenaient 261 060 $ et les catholiques, pour leur part, 232 968 $ pour 20 709 élèves[7]. Les moyens financiers des protestants leur permettent de verser des salaires décents aux enseignants et de créer, entre autres, des jardins d'enfants dans les écoles. Le débat sur la taxe des neutres s'est clos en 1900 par le maintien du statu quo. Mais la répartition des autres taxes foncières conserve toujours les mêmes inégalités.

Le 29 janvier 1911, la *Canadian Car and Foundry* soumet aux commissaires d'école une demande de commutation de taxes d'une durée de cinq ans et pour une somme de 2 800 $. La taxe des neutres est l'une des taxes réparties au prorata de la population qui tient compte de la croyance religieuse. De plus, la *Canadian Car and Foundry* constitue l'une des sources de revenus appréciable; la décision de la Commission scolaire dans ce contexte est donc cruciale.

Les conseillers municipaux voudraient que la Ville de Saint-Pierre devienne une municipalité à forte concentration d'industries. Elle ne compte, au moment de son incorporation, en 1908, que 500 habitants. C'est une pratique courante des municipalités tel que Lachine et Ville de Saint-Pierre d'accorder une diminution des taxes foncières dans le but d'attirer ou de garder sur le territoire des entreprises dynamiques ou créatrices d'emplois. Les commissaires d'école acceptent, le 30 mars 1911, de réduire les taxes scolaires de l'entreprise de fabrication de wagons, la *Canadian Car And Foundry*, afin d'uniformiser l'imposition des taxes sur les propriétés foncières avec celle de la municipalité.

La communauté juive

Les revenus d'une corporation scolaire sont très souvent l'objet de débats animés. Sous l'aspect financier, les différences ethniques et les diverses croyances religieuses posent un problème au Québec. Le 19 novembre 1929, les commissaires de Saint-Pierre-aux-Liens veulent combattre l'adoption d'une loi concernant la perception des taxes des juifs.

Déjà en 1870 un amendement à la loi scolaire de 1869 stipulait

que les personnes de croyance judaïque et possédant des biens immeubles dans l'une ou l'autre des cités du Québec ou de Montréal, auront le droit, sur requête par écrit à cet effet, de faire inscrire leur propriété foncière à leur choix, sur l'une ou l'autre des listes portant le numéro un ou le numéro deux[8].

C'est-à-dire, soit la liste des catholiques ou la liste des protestants. Or, la communauté juive de Montréal est divisée en deux groupes: l'un d'ascendance espagnole ou portugaise et l'autre d'ascendance polonaise ou allemande, qui ne partageaient pas les mêmes vues en matière d'éducation. En 1874, une tentative de diviser les enfants dans des classes séparées avorta. Sauf quelques cas d'exception, la majorité des enfants juifs fréquentaient les écoles protestantes. Une commission scolaire catholique qui pouvait s'entendre avec un des groupes juifs bénéficiait des taxes payées par les individus du groupe. Par contre, les juifs polonais ou allemands se dirigeaient vers le secteur protestant.

En 1930, le gouvernement québécois adoptera une loi instituant une commission scolaire juive pour favoriser une entente entre les juifs et les protestants. Mais la communauté juive restera divisée entre elle et l'opposition de deux députés juifs amènera les membres de la nouvelle commission scolaire à démissionner. La loi sera reléguée aux oubliettes et une entente échelonnée sur une période de 15 ans maintiendra le statu quo, les enfants juifs se rendant toujours dans les écoles protestantes.

Un enseignement de qualité à la Ville de Saint-Pierre

Au début du XXe siècle, les petits pierrois vont à l'école de la chapelle: l'école Saint-Pierre-aux-Liens. En 1912, les frères Maristes, enseignants à l'école Desrosiers, accueillent 168 garçons. Enfin, en 1923, à l'académie Martin les jeunes filles prennent possession de leurs classes et les sœurs de Sainte-Anne poursuivent leur œuvre d'éducation. Le développement de ces écoles avec les difficultés administratives et financières ressemble à la situation des écoles de Lachine (point n'est besoin ici de s'étendre longuement sur cette question). Néanmoins, la caractéristique principale de la Commission scolaire de Saint-Pierre-aux-Liens est la qualité de son enseignement.

En 1915, l'école élémentaire des frères Maristes, qui comporte quatre années d'études, a intégré, dans ses cours, l'école modèle répartie sur deux ans. Mais les matières au programme, bien que divisées de la même manière, sont plus poussées. Ces cours suivis portent sur la morale religieuse, le français, l'anglais, les mathématiques, la géographie, l'instruction civique, l'histoire, le dessin et les sciences naturelles. Généralement, les inspecteurs jugent très satisfaisants les résultats de l'enseignement prodigué par les communautés religieuses. En juin 1920, l'assiduité des élèves est excellente, selon les rappports de l'inspecteur F. Cuddily, soit 204 élèves présents sur 210 inscrits. L'anglais mérite une très bonne note et seule l'arithmétique est un peu faible en 6e année. Sous la direction des frères ou des sœurs, les élèves travaillent très fort. Mais les parents se plaignent, en novembre 1919, de la surcharge de devoirs et de leçons de leurs enfants. La révérende sœur supérieure et le révérend frère directeur reçoivent une demande des commissaires à l'effet d'alléger les travaux scolaires.

Au mois de février 1923, l'inspecteur L. Longtin confirme la qualité du travail des enseignants et la bonne tenue des élèves, garçons et filles. Ses critiques portent sur la nécessité d'engager une institutrice pour enseigner aux élèves de 5ᵉ, 6ᵉ et 7ᵉ années. Un grand ménage, paraît-il, ne serait pas de trop à l'école des garçons pour la rentrée de septembre 1923.

Enfin l'inspecteur Le Rouzès, neuf années plus tard, se montre aussi satisfait de la bonne marche des études, des cours donnés, notamment sur le sérieux de l'enseignement de la sténographie aux garçons. En 1933, l'inspecteur annonce aux commissaires que la Commission scolaire de Saint-Pierre-aux-Liens reçevra 50 $ du gouvernement à titre de «municipalité méritante». L'appréciation des différents inspecteurs se confirme à diverses époques; les éloges ne tarissent guère à l'endroit d'une commission considérée comme progressive.

VII– LES CONDITIONS SOCIALES
(1880-1940)

L'ouverture du canal de Lachine, en 1824, est l'événement majeur qui fait de Montréal le pivot économique du pays. Véritable métropole industrielle, Montréal axe son développement, entre les années 1880 et 1930, dans les secteurs économiques du matériel roulant, des moulins à farine, des usines de textiles, de cuir, du vêtement, du tabac, de l'alimentation, des raffineries de sucre, etc. Ces industries s'installent pour la plupart le long du canal de Lachine. La Ville de Lachine n'est certes pas en marge du succès commercial et industriel montréalais. De 1881 à 1901, le pourcentage de la production manufacturière de Montréal, par rapport à l'ensemble de la production manufacturière du Québec, passe de 50 % à 45 %. Or, la proportion de la production manufacturière de Lachine était en 1881 de 0,15 %, mais elle passe à 1,83 % en 1901[1]. À la suite de Montréal, Québec, Saint-Henri et Hull, Lachine se range parmi les plus importantes villes industrielles du Québec.

Mais la prospérité de Montréal et même celle de Lachine profite surtout à la classe dominante, les propriétaires d'usines et les cadres d'entreprises. Le mouvement ouvrier, issu en réaction au développement sauvage du capital, fait ses premiers pas.

L'ouvrier, la femme ou l'enfant qui travaille à l'usine, ne vit pas toujours dans des conditions adéquates de travail. Par exemple, les ouvriers du canal de Lachine, à l'emploi de *Davis and Sons*, exigent une augmentation de 0,15 $ par jour, en 1880; ils obtiennent 0,05 $ du patron. En 1883, dans l'industrie de la construction, les employés de la *Toronto Bridge* demandent une augmentation de 0,25 $ par jour. Ils retournent au travail, le 9 juin, sans avoir obtenu de meilleurs salaires. En 1887, les ouvriers de la *Dominon Barb Wire Co*. subissent une diminution de salaire et la grève déclenchée est annihilée par le recours aux briseurs de grève[2]. Mais la dure réalité du travailleur lachinois ne s'arrête pas uniquement aux revendications salariales.

Les enfants de huit à quatorze ans travaillent dans des conditions pénibles à l'usine. En 1891, près de 7 % de la main-d'œuvre employée dans les villes de Montréal et de Québec sont des enfants[3]. Un jeune apprenti d'une usine de cigares à Montréal peut être battu parce qu'il refuse de produire un surplus de cigares. Les femmes et les enfants sont, à cette époque, trop souvent susceptibles aux réprimandes ou à l'arbitraire du patron. Certaines usines possèdent un cachot, sorte de trou noir au sous-sol où un «policier» engagé enferme les apprentis coupables de vols ou d'absences au travail[4]. Les patrons se considèrent des substituts aux parents. Ceux-ci n'ont guère le choix que de confier leurs adolescents au patron parce que leurs revenus ne suffisent pas à subvenir aux besoins essentiels. La fabrique devient donc le lieu d'apprentissage et de formation pour bon nombre de filles et de fils d'ouvriers. L'école de la fin du XIXᵉ et du début du XXᵉ siècle n'est par le principal lieu en matière d'éducation car l'instruction primaire n'était pas obligatoire.

L'instruction obligatoire

Les conditions sociales à Lachine, à la Ville de Saint-Pierre et à LaSalle ne sont peut-être pas idéales: une majorité doit peiner pour assurer sa subsistance. Mais une autre catégorie de gens demeurent encore sur la ferme et les enfants sont utiles pour les travaux des champs et la culture du sol. Les enfants abandonnent les cours dès la cinquième année et une infime minorité se rend jusqu'à la septième année.

L'académie Savaria compte, en 1912, trois élèves en 7e année et trois en 8e année. Pourtant, en 1910, 525 élèves au total sont inscrits à l'école primaire[5] La fréquentation scolaire évolue lentement. En 1935, l'académie Provost ouvre un cours complémentaire et 15 garçons se présentent en classe de 7e et 8e années. Or, l'année précédente, cette école ne reçevait que deux garçons pour la septième année.

À la Ville de Saint-Pierre, en 1923, une seule classe réunissait les élèves de 5e, 6e, 7e et 8e années pour une seule titulaire. En 1933, selon l'inspecteur Le Rouzès, l'école Desrosiers accueille 19 garçons aux cours de 7e et 8e années et l'Académie Martin accueille 17 filles aux mêmes cours[6].

Les programmes des commissions scolaires catholiques n'offrent pas, durant le premier tiers du vingtième siècle, de débouchés vers les universités. Le *High School* protestant peut mener le candidat talentueux à choisir une voie intéressante vers l'obtention d'un diplôme dans les universités anglaises. Le catholique francophone, désireux d'aller à l'université, doit délaisser, à la fin de la sixième ou septième année, l'école publique pour se diriger dans un des nombreux collèges classiques de la province. Les gens des milieux aisés envoient leurs enfants au collège privé, mais un ouvrier n'en a pas les moyens.

En 1923, l'école publique donne, après la sixième année, un cours complémentaire de deux ans divisé en quatre sections: agricole, commerciale, industrielle et ménagère. En 1929, une nouvelle division apparaît: le cours primaire supérieur, mais à partir de 1937 et plus particulièrement en 1939, apparaît un véritable enseignement dit secondaire. Après les sept ans de l'élémentaire, l'élève peut suivre deux années de cours complémentaire et trois ans de supérieur. Mais cette voie ne prépare pas adéquatement à l'admission aux facultés universitaires[7].

Il n'est guère surprenant que les enfants quittent tôt l'école publique. Les parents ne sont pas tenus par la loi de forcer leur progéniture à rester en classe jusqu'à l'âge de 14 ans ou 16 ans. Le principe de la

gratuité scolaire et l'obligation pour les enfants de 6 à 14 ans de fréquenter l'école ne seront adoptés qu'en 1943, par le gouvernement
libéral de Godbout.

Mais, à plusieurs reprises, entre 1875 et 1943, le débat sur l'école
obligatoire ou sur l'instruction obligatoire a surgi dans l'actualité
québécoise. L'idéologie ultramontaine, la peur des francs-maçons, la
crainte de l'intervention de l'État par la création d'un ministère de
l'Instruction publique hantent les membres du clergé catholique au
Québec. En 1912-1913, la question de l'instruction obligatoire se
pose pour les enfants protestants. Le premier ministre, Lomer Gouin,
s'y oppose, mais laisse aux membres de l'assemblée la liberté de voter
selon leur conscience. Le projet de loi est finalement battu 62 contre
6 voix. Cependant, la controverse refait surface en 1916: T.-D.
Bouchard défend le principe de l'instruction obligatoire pour les enfants catholiques et protestants. Dans le débat qui dura trois ans,
l'inspecteur général des écoles, C.-J. Magnan, se déclare opposé à
l'instruction obligatoire, affirmant que le système scolaire catholique
est bon et qu'il ne faut en aucun cas enlever aux parents le droit de
garder ou non les enfants en classe. En 1919, la querelle en reste là.

Depuis 1903, une vague de religieuses venues de France, chassées
par les lois anti-religieuses, entraient au Canada. Elles se destinent
principalement à l'œuvre de l'éducation et elles renforcent les valeurs
prônées à l'époque. Ces valeurs ne sont pas d'encourager l'école
neutre ou la création d'un ministère de l'Instruction publique. L'intervention du gouvernement n'est pas souhaitée et ceux qui la favorisent
sont des francs-maçons ennemis des traditions catholiques, comme
l'affirme J.-P. Tardivel[8].

Au-delà du débat de l'Instruction publique, le problème fondamental
des écoles catholiques est l'inégalité de la répartition des sources de
revenus qui affectent les commissions scolaires catholiques. Pourquoi
obliger les enfants à fréquenter les écoles publiques, si l'État n'injecte
pas de plus fortes subventions? Les classes sont très encombrées et les

commissions scolaires ne suffisent pas à fournir des locaux adéquats et un personnel qualifié.

L'élite canadienne-française, quant à elle, avait les collèges classiques pour former sa propre relève sociale et religieuse. Elle ne cherchait donc pas à améliorer le financement de l'enseignement public. Par contre, les commissions scolaires protestantes acceptaient dans leurs rangs aussi bien les enfants des riches que les enfants d'autres milieux sociaux. Juifs et protestants se cotoyaient dans les mêmes classes. L'élite anglo-protestante avait intérêt à posséder un enseignement public de qualité[9].

L'hygiène et la santé dans les écoles publiques

Les écoles, entre les années 1900 et 1920, ne répondent pas aux normes minimales d'hygiène pour les élèves. L'entassement des élèves dans les classes favorise la propagation de maladies contagieuses. De plus, le bureau d'hygiène de la province de Québec s'inquiète du manque de sorties de secours et d'aération dans les classes. À cette époque, seule la Commission des écoles protestantes de Montréal pouvait s'offrir le «luxe» d'engager deux infirmières du *Victorian Order of Nurses* pour visiter les élèves malades.

À Lachine, le manque d'espace dans les écoles est un problème criant. L'inspecteur d'écoles J.-E. Lefebvre condamne, le premier juin 1904, l'espace restreint de l'académie Piché (six salles ne donnent pas 150 pieds cubes d'air par élève). Il existe peu de fenêtres à l'académie Piché et l'école Duranceau est jugée trop petite pour le nombre d'élèves. En décembre 1911, les parents se plaignent parce que les élèves de l'école Duranceau sont atteints d'une «maladie de peau»[10].

Une autre lacune est notée par l'inspecteur Lefebvre à l'académie Piché, à l'été 1909: les cabinets d'aisance sont considérés dangereux pour la santé. La Commission scolaire de Lachine est forcée de faire construire une tourelle de trois étages, par l'entremise de l'architecte Dalbé-Viau, pour établir de nouveaux cabinets d'aisance et de nouvelles classes. En 1913, les commissaires décident de remplacer l'école

Duranceau par une école plus grande et neuve: l'école Provost. Les enfants vont pouvoir respirer un peu mieux!

Le premier mars 1913, la Commission scolaire de Lachine est obligée de faire vacciner les élèves; les professeurs sont sommés de ne pas admettre les élèves non vaccinés. La législation du Québec rend, depuis 1903, la vaccination obligatoire contre la variole et les municipalités sont également autorisées, à partir de 1906, d'administrer le vaccin contre la diphtérie, à faire l'examen médical des écoliers, à contrôler la qualité du lait, à épurer les eaux, etc. La Ville de Lachine se conforme progressivement aux vœux du gouvernement. En 1909, Lachine adopte le règlement 131 concernant la santé et la salubrité publique. Le règlement 155, en 1911, rend la vaccination obligatoire et le règlement 246, en 1917, concerne l'inspection du lait[11]. En puisant à même leurs revenus, les municipalités se voient confier la tâche de veiller à la promotion et à la surveillance de l'hygiène publique. La Ville de LaSalle emboîte le pas à partir de l'année 1918. Dans ce contexte, les commissions scolaires se plient aux nouvelles exigences du législateur et à la volonté de la municipalité[12]. En 1913, la Commission scolaire de Lachine sera l'une des premières à faire valoir aux parents la nécessité d'une meilleure hygiène.

Suite au retour des soldats, la grippe espagnole se répand de manière fulgurante dans les villes. À l'automne 1918, les écoles ferment et l'académie Piché se transforme en hôpital temporaire pour recueillir de nombreux malades atteints de la grippe. L'épidémie dure trois mois à travers les cinq continents. L'influenza est une forte fièvre qui force le malade à tenir le lit pendant cinq jours, et qui peut se compliquer d'une pneumonie. Dans l'ensemble de l'île de Montréal, sur 20 000 personnes affectées entre les mois de septembre 1918 à janvier 1919, 3 600 n'y réchappent pas. L'hôpital Saint-Joseph de Lachine est débordé à un tel point qu'il faut aménager les locaux de l'académie Piché. Les frères des Écoles chrétiennes s'improvisent aides-infirmiers. Les églises ferment et l'école Piché ne rouvre que le 12 novembre, malgré les nombreuses absences d'écoliers[13].

En dehors de ce court épisode tragique, la santé de la population sur l'île de Montréal ne s'améliore que lentement et surtout à partir des années vingt. La gastro-entérite, la tuberculose, la diphtérie, la typhoïde déciment les enfants, en très large partie ceux de la classe ouvrière. À Montréal, le taux de mortalité infantile sur 1 000 naissances, en 1922, est de 213,8 dans le quartier Sainte-Marie, 195,7 dans Papineau, 155,5 dans Lafontaine et 212,9 dans Saint-Henri. Ces quartiers ouvriers sont majoritairement peuplés de Canadiens français. Par contre, le taux de mortalité infantile n'atteint que 48,6 dans le quartier Saint-André, 55,1 à Westmount, 57,0 à Outremont et 49,1 à Saint-Laurent[14]. Près de la moitié des décès chez les enfants de moins de deux ans, entre 1906 et 1915, est due à la diarrhée infantile.

Il est donc crucial que les municipalités adoptent des règlements sur la qualité du lait et de l'eau[15]. Cependant, les mesures sérieuses commencent à donner des résultats concrets vers la fin des années vingt à Lachine et vers la fin des années trente à LaSalle. Ainsi, à Lachine, à compter de 1928, les rapports du médecin et de l'infirmière sont plus élogieux sur les conditions d'hygiène et plus satisfaisants au regard de l'état de santé des écoliers[16]. Mais la situation n'est pas nécessairement idéale. Le Dr Valois et l'infirmière C. Gendereau reconnaissent une nette amélioration des conditions d'hygiène dans les écoles de Lachine; cependant, ils notent le mauvais éclairage et la ventilation insuffisante dans les établissements scolaires de la 34e avenue, Piché, Très-Saint-Sacrement et Savaria. Cela cause des problèmes aux yeux chez les enfants. En dépit du fait que l'académie Piché possède un excellent système de ventilation, personne n'ose l'employer pour éviter la hausse des coûts de chauffage. Une autre constation: les académies Piché, Savaria et Très-Saint-Sacrement ont des latrines insuffisamment désinfectées.

Par ailleurs, au mois de mai 1928, les écoles de la Commission scolaire du Très-Saint-Sacrement sont jugées mal-propres. Le manque de main-d'œuvre pour les entretenir serait à l'origine de la situation. La classe tenue à l'école de la 34e avenue, est, elle-aussi, trop petite.

La lenteur des commissions scolaires à construire de nouvelles écoles, l'utilisation de vieilles maisons pour tenir les classes et l'engorgement même des écoles publiques confirment le fait que les sources de revenu sont insuffisantes chez les catholiques. Néanmoins, à compter de 1929, la Commission scolaire de Lachine ne se fait plus tirer l'oreille et elle fournit au médecin, Sylvio Roch, une salle convenable avec bureau, chaises, serviettes, savons et pharmacie.

Les rapports des examens médicaux du Dr Roch deviennent plus précis; il constate 299 cas de caries dentaires en juillet 1930. À son avis, le problème de dentition entraîne d'autres troubles de croissance, tels l'anémie et le rachitisme. Il conclut une entente, en 1930, avec les deux hôpitaux de Lachine pour faire opérer les maux de gorge des élèves reconnus comme indigents. Déjà en mars, le médecin recommandait aux commissaires de fournir l'eau La Laurentienne et l'eau Calédonia pour empêcher la propagation de certaines maladies[17].

L'état de santé des jeunes lachinois peut connaître des hauts et des bas, mais, en général et malgré la crise économique, la situation s'améliore par rapport à celle des années 1900 et 1910. Le 23 juillet 1931, le Dr Roch note que 165 déficiences physiques sont corrigées chez les élèves. La prévention faite auprès des parents semble porter fruits, puisque ceux-ci n'attendent plus comme avant l'avis du médecin ou des commissaires pour faire soigner les enfants.

En 1933-1934, sur 1 441 élèves examinés, 376 ont des «défauts corrigés». Or, le médecin et l'infirmière relèvent des cas de malnutrition, de dents cariées, 512 cas de poux dont 360 à Savaria. Bref, au mois de septembre 1934, il faut exclure des écoles les enfants non vaccinés, ceux atteints de maladies contagieuses, d'impétigo et de pédiculose[18].

L'année suivante, au mois de mars, la Commission scolaire de Lachine rend l'examen médical obligatoire chez les enseignants. La Commission scolaire du Très-Saint-Sacrement oblige l'enseignant à détenir un certificat médical pour prévenir la contagion. Le certificat doit être octroyé dans les deux mois précédents l'ouverture des classes et les enseignants en assument les frais[19]. Il faudra attendre l'année 1942 pour que la Commission scolaire paie le coût de l'examen médical et radiographique qui s'élève à un dollar[20].

À LaSalle, seule quelques initiatives de professionnels de la santé ont permis de soulager les enfants de la municipalité. Par exemple, en 1926, le dentiste Ernest Chaussé de Verdun soumet aux commissaires un plan d'hygiène dentaire pour conseiller et examiner gratuitement les écoliers de LaSalle[21]. Le Dr Maurice Lacharité est embauché, en 1935, par le conseil municipal de la Ville de LaSalle pour soigner les chômeurs. En 1939, le conseil municipal accepte d'engager l'infirmière Germaine Payant pour s'occuper des cliniques de nourrissons et seconder le médecin Lacharité au bureau d'hygiène de la ville. La population laSalloise, et particulièrement les enfants, devait se faire soigner dans des hôpitaux de l'extérieur du territoire municipal, notamment à Verdun et à Lachine. Sur les questions de la santé[22], LaSalle marque un retard sur Lachine, n'obtenant un hôpital général qu'en 1962.

VIII– LE *BABY-BOOM*, LES CONSTRUCTIONS D'ÉCOLES ET LES RELATIONS DE TRAVAIL (1940 À 1960)

La crise économique et la guerre en Europe sont déjà de mauvais souvenirs et les gens reprennent espoir. L'heure est à l'optimisme, au changement, à la croissance...

Les années de la grande dépression avaient ralenti le rythme de croissance de la population canadienne. Vingt ans plus tard, cette croissance démographique comble, de façon spectaculaire, le retard accumulé. La décennie des années cinquante est caractérisée par un nombre de naissances annuelles qui atteint des niveaux records. Ce phénomène n'est pas unique à la province de Québec; les États-Unis, l'Australie et le reste du Canada connaissent les effets du *baby-boom*.

Pourtant, les taux de natalité et de fécondité des femmes de 15 à 49 ans n'enregistrent pas des hausses records. Le *baby-boom* constitue un rattrapage par rapport à la période précédente (1920 à 1940). Après la guerre, les jeunes couples, qui attendaient des jours plus heureux, se marient et font des enfants. Les femmes en âge de procréer n'ont pas nécessairement plus d'enfants, mais plus de femmes ont des enfants. En 1941, 21 % des Québécois ont moins de 10 ans alors qu'en 1951 ils représentent 25 % de la population. À LaSalle, en 1951, plus de 50 % de la population est âgée de moins de 35 ans dont 24,4 % ont moins de 10 ans (voir tableau D).

Tableau D

Population par groupes d'âge en 1951
(sur une population totale de 11 633) à LaSalle[1]

0-4	1 711
5-9	1 129
10-14	832
15-19	804
20-24	1 054
25-34	2 307
35-44	1 601
45-54	1 139
55-64	622
65-79	199
80 et plus	235

Au début des années soixante, le tiers de la population laSalloise est en âge d'aller à l'école. Le développement des cliniques, des hôpitaux et des écoles primaires s'accélère parallèlement au mouvement de progression démographique. En conséquence, de plus en plus d'enseignants doivent être embauchés. Les effets de la revanche des berceaux influencent l'évolution des commissions scolaires. Cependant le *baby-boom* ne serait pas aussi important sans la chute marquée du taux de mortalité infantile (les enfants de moins d'un an). Entre 1931 et 1960, ce taux régresse de 120 à 32 pour 1 000. Déplorable au début du siècle, l'hygiène publique s'est améliorée grâce à un contrôle efficace de la qualité de l'eau, du lait et à de meilleurs soins médicaux prodigués à la population. La mortalité juvénile (les jeunes de 1 à 15 ans) diminue à cause de la régression des maladies infectieuses. Durant les années trente, 5,4 % des filles et 5,8 % des garçons meurent, mais en 1960 ces taux chutent à 0,9 % chez les filles, et 1,3 % chez les garçons[2].

La revanche des berceaux eut un effet sur les effectifs scolaires donc sur l'activité des commissions scolaires, et notamment sur les constructions d'écoles dans la paroisse du Très-Saint-Sacrement.

Au rythme des naissances et des constructions d'écoles

Rien n'évoque plus le phénomène du *baby-boom* que l'accroissement du nombre d'établissements scolaires en l'espace de dix ans. Les inscriptions scolaires augmentent à un tel rythme que les commissaires se demandent s'ils ne sont pas victimes d'hallucinations.

Au printemps 1949, les commissaires du Très-Saint-Sacrement constatent, non sans crainte, que les classes aux académies Provost et Très-Saint-Sacrement sont trop remplies et qu'à l'automne la clientèle augmentera d'une centaine d'élèves. La construction d'une nouvelle école s'avère urgente, mais, en attendant, la Commission scolaire loue la salle paroissiale du Très-Saint-Sacrement (près de l'église), pour établir les trois classes temporaires de l'école Gariépy.

La majorité des enfants des classes anglaises se dirigent, en 1950, vers une nouvelle école de la Commission scolaire de Lachine: l'école *Resurrection of Our Lord*. Il en coûte 110 $ par enfant annuellement à la Commission scolaire du Très-Saint-Sacrement. Deux ans plus tard, en l'honneur du curé de la paroisse du Très-Saint-Sacrement, l'école Paul- Jarry, située à l'angle de Provost et de la 11e avenue, ouvre ses portes pour reçevoir 453 élèves. En 1953, 521 élèves s'inscrivent aux cours et déjà l'école ne suffit plus à les loger. Les commissaires tentent de remédier au problème en créant un double horaire pour les élèves de première année. L'expérience s'avère un échec. La Commission scolaire ouvre plutôt une autre classe au sous-sol du presbytère de Très-Saint-Sacrement. La salle de repos des professeurs de l'école Paul-Jarry est transformée, elle-aussi, en classe[3]!

Or, en 1954, une unité scolaire de quatre classes est construite au nord de la rue Provost et à l'est de la 4e avenue. Elle porte le nom de pavillon Marie-Léopoldine (ancienne Mère générale des sœurs de Sainte-Anne) et sert d'annexe à l'école du Très-Saint-Sacrement. Ce pavillon est à peine en opération que l'architecte Napoléon Beauchamp prépare les plans d'une autre école. Les besoins en locaux se font pressants et les commissaires quittent leur bureau de l'école Provost pour qu'il serve de classe. En octobre 1956, sur la rue Sherbrooke près de la 8e avenue, l'école Albert- Gariépy (à ne pas confondre avec l'école primaire et temporaire Gariépy de 1949) reçoit les élèves de la 5e année jusqu'au secondaire. L'école Provost maintient les quatre premiers degrés de l'élémentaire. Enfin, en 1960, les commissaires autorisent l'agrandissement de onze classes à l'école Provost[4].

Un cas particulier: l'école *Bishop Whelan*

Les écoles poussent comme des champignons et s'agrandissent. Ainsi, à la Commission scolaire de Lachine, en septembre 1955, le jardin des Saints-Anges et l'école Morin inaugurent leurs classes. LaSalle, l'école Sainte-Catherine-Labouré est agrandie et en 1960 l'école Clément est inaugurée sur la rue Jean-Milot. Le secondaire anglophone bénéficie, dès 1956, des locaux de l'école Leroux récemment construite sur la 9e avenue. Mais le phénomène des constructions d'écoles à LaSalle sera plus marqué durant les années soixante.

Néanmoins, un débat particulier a lieu à Lachine durant les années 1956, 1957 et 1958: la construction de l'école anglaise *Bishop Whelan*. Dès 1956, les commissaires constatent un manque d'espace pour les élèves anglophones obligés de se rendre dans des classes temporaires ou à l'école *Resurrection* surpeuplée.

À l'assemblée des commissaires de Lachine, le 15 août 1956, le curé Durnin de la paroisse Resurrection se prononce contre le choix du site d'une nouvelle école. L'école des anglophones doit être érigée, selon les commissaires, près de la 48e avenue sur la rue René-Huguet.

Or, le curé estime que l'école serait trop éloignée de l'église Resurrection et trop près des protestants, ce qui est «néfaste pour les catholiques»[5]. Son opinion doit, d'après lui, prévaloir parce qu'il «a charge d'âmes» et qu'il veille au bien-être de ses paroissiens[6]. Mais la résolution préconisée par Jacques Viau, un commissaire d'école influent, ne va pas dans le même sens que la position du curé anglo-catholique.

En 1957, la Commission scolaire de Lachine n'a toujours pas arrêté son choix. Au mois de mai, une délégation de citoyens comptant messieurs Conrath et A.-J. Sullivan appuient le site de Grover Hill Gardens, proposé par le curé Durnin. Un autre groupe ayant à leur tête M. Mc Gowan favorise plutôt la proposition du clan Viau. Jacques Viau prétend que 70 % des enfants anglo-catholiques habitent à l'ouest de la 34e avenue, soit dans le secteur qu'il préconise. Cette mésentente met le président de la Commission scolaire de Lachine, le curé Aimé Boileau, dans une situation délicate. Pris entre l'arbre et l'écorce, il n'ose désavouer son confrère catholique et les commissaires élus.

Les plans et devis de la future école seront révisés trois fois par les commissaires. De son côté, Donat Beauchamp, le 10 décembre 1957, propose de régler la querelle par le renvoi de 638 élèves considérés comme «étrangers». Cette mesure aurait libéré une vingtaine de classes, empêché l'augmentation des taxes scolaires et reporté la construction de l'école anglaise.

Un amendement de Jacques Viau fait valoir que la construction de l'école est admise en principe par la Commission scolaire et le surintendant de l'Instruction publique. Bref, aucun retard ne peut être toléré. L'amendement est adopté de justesse; en l'absence du curé Boileau, alors que le vote était nul, le commissaire Joseph Fillion prit le siège du président pour trancher la question en faveur, encore une fois, de la position de Viau[7]. Le 21 décembre 1957, coup de théâtre: le curé Boileau démissionnne de la présidence de la Commission scolaire de Lachine. Commissaire depuis 1941, Joseph Fillion le remplace[8].

Cependant, en 1958, la Ligue des propriétaires de Lachine présente une requête pour reporter le projet de construction de l'école. Selon le groupe de pression, les commissaires, les architectes, le département de l'Instruction publique ne sont pas unanimes et la mésentente cause du tort à la réputation de Lachine. Une décision définitive du surintendant de l'Instruction publique, le 14 avril, met fin à plus de deux ans de débats. En l'honneur de l'évêque auxiliaire du diocèse de Montréal, Mgr Lawrence P. Whelan, la nouvelle école portera le nom de Bishop *Whelan High School*. En attendant la fin des travaux, la Commission scolaire de Lachine loue l'école Georges Esplin du Bureau métropolitain des écoles protestantes de Montréal. En 1960, l'école Georges Esplin devient une école bilingue de métiers, et ce, jusqu'en 1968, date de son intégration à la Commission scolaire de Lachine.

Mais les querelles s'estompent à Bishop Whelan et, en septembre 1959, plusieurs frères des Écoles chrétiennes dispensent avec des laïques l'enseignement aux jeunes anglophones[9].

Les enfants dits étrangers

En général, la Commission scolaire s'occupe surtout des écoles, des élèves et du personnel enseignant de sa juridiction sur son territoire. Parfois, les commissaires acceptent d'accueillir des élèves qui résident à l'extérieur de la municipalité scolaire. En 1952, sur 391 élèves non résidants, 62 proviennent des enfants du personnel de l'Aviation canadienne demeurant près des limites du camp de Lachine. En 1953, la Commission scolaire de Sainte-Jeanne-de-Chantal envoit des élèves moyennant une rétribution mensuelle de 8 $ par enfant. Des enfants de Dorval fréquentent les classes de la 5e année du cours supérieur à l'école Resurrection.

Au mois de décembre et en prévision de la rentrée de septembre 1954, la Commission scolaire de Lachine restreint les inscriptions anglophones de la 1re à la 8e année qui proviennent des Commissions scolaires de Dorval, Pointe-Claire et Strathmore. La réglementation envers ces commissions scolaires devient, au fil des ans, un peu plus sévère, la Commission scolaire de Lachine préférant s'occuper exclusivement des écoliers de Lachine.

Par ailleurs, les enfants blancs de Kahnawake posent un problème, selon les commissaires. Au mois de novembre 1953, les 171 élèves blancs occasionnent des dépenses supplémentaires. Le département de l'Instruction publique verse un octroi de 4 500 $. Cet octroi, en 1954-1955, augmente à 10 000 $ pour la Commission scolaire de Lachine. Les commissaires considèrent ce montant insuffisant. Les parents des enfants de Kahnawake se plaignent de la somme, entre 5 et 9 $, à payer mensuellement à la Commission scolaire de Lachine. Pourtant, la rétribution exigée est plus basse que celle exigée des autres élèves non résidants. En juin 1956, les enfants blancs de Kahnawake sont jugés sévèrement par les directeurs d'écoles qui affirment que: «Ces enfants exercent une influence malheureuse dans le milieu scolaire qu'ils fréquentent, étant donné le langage libre et grossier d'un bon nombre de ces enfants, leurs habitudes de vie rustre, leur manque d'hygiène....» Les commissaires préfèrent envoyer ces écoliers à une autre école dans une commission scolaire de la rive sud.

En 1959, la Commission scolaire de Lachine signe un contrat avec le ministère de la Citoyenneté et de l'Immigration pour l'acceptation des élèves amérindiens de Kahnawake à l'école Bishop Whelan. Le ministère s'engage à payer l'installation de deux nouvelles classes au coût de 108 000 $. En janvier 1960, la Commission scolaire de Lachine reçoit un autre montant de 5 668,68 $ pour le remboursement des frais de scolarité des petits Amérindiens. Par contre, la Commission scolaire de Lachine refuse d'admettre les enfants blancs de la même localité parce que le département de l'Instruction publique tarde à combler le déficit accumulé de 192 970,45 $ que représente les coûts d'éducation. Finalement, au mois de novembre, le gouvernement de l'Union nationale accepte de verser le montant correspondant au coût per capita pour chacun des écoliers[10].

L'évolution des relations de travail

La condition des instituteurs et des institutrices ne s'améliore pas durant la période de crise économique. Mais l'année 1937 est marquante car plusieurs associations d'instituteurs ou d'institutrices se forment pour défendre les conditions de travail de leurs membres. Montréal, l'Alliance des professeurs catholiques fut fondée, en 1919, et ses lettres patentes sont obtenues, en 1922. Ce n'est qu'en 1937 que l'Alliance commence véritablement à se structurer, à mener une action d'envergure et tendre peu à peu à devenir un syndicat. Le 2 novembre 1936, à La Malbaie, Mlle Laure Gaudreault fonde le premier syndicat d'enseignants portant le nom d'Association catholique des institutrices rurales du district de La Malbaie. L'année suivante, le 19 février 1937, naît la Fédération catholique des institutrices rurales et les instituteurs suivent le mouvement en fondant, en 1939, la Fédération des instituteurs ruraux.

En 1942, c'est au tour des instituteurs et institutrices des cités et villes de se regrouper au sein de la Fédération des instituteurs et institutrices des cités et villes. Ces trois fédérations forment en 1945 la Confédération générale des instituteurs et institutrices catholiques du Québec pour devenir, l'année suivante, la Corporation générale des instituteurs et institutrices catholiques du Québec (C.I.C.). Cette corporation deviendra, durant les années soixante, la Corporation des enseignants du Québec (C.E.Q.).

Des quatre commissions scolaires à Lachine, à LaSalle et à la Ville de Saint-Pierre, le syndicalisme enseignant va éclore plus décisivement à Lachine. Durant l'année scolaire 1936-1937, le salaire des instituteurs lachinois varie de 850 $ à 1 600 $ par année et celui des institutrices entre 400 $ et 650 $. Les conditions salariales restent en deçà du travail fourni par les enseignants. Cette situation pousse les instituteurs et institutrices laïques à se regrouper. Le 11 juin 1937, la Commission scolaire de Lachine reconnaît l'Alliance catholique des instituteurs et institutrices laïques de Lachine. La Commission scolaire du Très-Saint-Sacrement pose le même geste le 25 juillet 1937.

En 1938, l'inspecteur d'écoles J.-D. Ducharme recommande aux commissaires d'aligner les salaires des enseignants du Très-Saint-Sacrement sur ceux versés par la Commission des écoles catholiques de Montréal ou des commissions scolaires de Verdun et de LaSalle[11].

Près de cinq ans s'écoulent avant que l'Association des instituteurs catholiques de Lachine fasse part de ses revendications salariales. L'Association regroupe les enseignants laïques des deux commissions scolaires catholiques à Lachine. Au mois de juin 1942, ses délégués, messieurs Roch Toupin et Alphonse Dion, entament des pourparlers auprès des commissaires sur la question salariale. Ils s'appuient sur une requête signée par dix instituteurs et six institutrices qui veulent obtenir la parité de salaires avec les enseignants de Montréal, Verdun, LaSalle, Outremont, etc.

L'augmentation accordée par la Commission scolaire de Lachine est de 200 $ par année pour les hommes et de 50 $ pour les femmes. L'instituteur est rémunéré selon une échelle salariale qui varie entre 1 300 $ et 2 000 $ et l'institutrice, entre 475 $ et 675 $. Les enseignants religieux reçoivent 10 $ de plus pour les frères et 5 $ de plus pour les sœurs[12].

Les représentants syndicaux répètent, année après année, leurs revendications salariales, mais, en 1945, ils ne cèdent pas d'un pouce et c'est l'impasse. Le ministre du Travail demande au service de conciliation et d'arbitrage d'intervenir pour en arriver à une entente. Au printemps, R. Toupin et B. Bergeron représentants de l'Association refusent de faire des concessions sur la question des salaires. Un tribunal d'arbitrage est alors appelé à se prononcer et Me Émile Poissant, Gérard Trudel et Jacques Viau rendent leur décision, le 11 mai 1946. M. Viau est dissident. La sentence arbitrale doit décider du texte du contrat de travail qui entrera en vigueur. Mais les commissaires réagissent à l'unanimité et déclarent la sentence et le contrat de travail «illégaux», «irréguliers» et «nuls». D'après eux, le conseil d'arbitrage outrepasse ses pouvoirs.

Or, les commissaires «sans souscrire en aucune façon à la convention collective mentionnée dans la sentence arbitrale et sans accepter en aucune façon ladite sentence arbitrale»[13], accordent de leur propre chef aux instituteurs les salaires stipulés dans le jugement. Ils sont à effet rétroactif au premier septembre 1945 (voir tableau E).

Tableau E[14]

	INSTITUTEURS		INSTITUTRICES	
	Min.$	Max.$	Min.$	Max.$
Célibataires:	1 200 $	2 700 $	1 000 $	1 800 $
Mariés:	1 500 $	3 000 $		

Augmentation annuelle:	100 $	Augmentation annuelle:	50 $
		Jusqu'au salaire de:	1 200 $
		Par la suite:	100 $

Les inégalités des conditions de travail, à l'époque de l'après-guerre, ne s'atténuent pas entre les hommes et les femmes. Par exemple, en juin 1945, M. Henri Domon, malade depuis le premier mars, obtient son plein salaire alors que Mlle J. Saint-Pierre, malade depuis le premier février, ne perçevra que la moitié de son salaire. Lors de son mariage, une institutrice perd son emploi. C'est précisément le cas de Thérèse Vinet, au mois de mai 1950. En fait, cette manière de procéder est typique de la mentalité de la société québécoise à l'époque. Un autre exemple à LaSalle est très révélateur:

> Attendu que les institutrices qui sont à l'emploi de la Commission scolaire de Ville LaSalle doivent se consacrer entièrement à la cause de l'éducation des enfants qu'elles ont sous leur charge;
>
> Attendu qu'il est dans l'intérêt aussi bien desdites institutrices que des élèves, que ces institutrices ne soient pas prises par d'autres devoirs d'état que ceux de leurs devoirs d'institutrices;
>
> Attendu qu'une institutrice, actuellement à l'emploi de la Commission scolaire de Ville LaSalle, est une femme mariée et qu'elle a, pour ainsi dire,

deux devoirs d'état à remplir et que les commissaires actuels de cette commission croient, qu'en certaines circonstances, il est difficile de pouvoir bien remplir ces deux devoirs d'état et qu'il est préférable que cette institutrice soit remplacée par une institutrice célibataire ou professeur et qu'elle soit notifiée par le secrétaire-trésorier que la Commission scolaire de Ville LaSalle ne requiert plus ses services pour la prochaine année scolaire[15].

Ainsi, Mlle Yvette Montpetit est devenue Mme Jacques Lussier, mais elle perdait ses élèves. Les commissaires ont même adopté une ligne de conduite pour l'enseignante qui se marie durant l'année scolaire. Elle n'est pas réengagée pour la rentrée scolaire, mais elle peut terminer l'année en cours.

En 1955, le syndicat des enseignants à Lachine signe sa toute première «convention collective» qui entre en vigueur dès le premier juillet aux commissions scolaires du Très- Saint-Sacrement et de Lachine. Les clauses prévues portent sur le réengagement et le congédiement, l'échelle des salaires, les absences, etc. Par exemple, le salaire est plus élevé selon l'ancienneté et le diplôme de l'instituteur. Les enseignants mariés reçoivent plus d'argent que les célibataires. Les congés annuels de maladie sont fixés au nombre de dix jours sans perte de salaire. De plus, les congés sociaux s'ajoutent dans le cas d'un décès du parent immédiat (père, mère, enfant, époux (se)) ou à la naissance d'un enfant. Un congé sans solde d'un an est accordé à l'enseignant (épuisé ou malade) sur recommandation du médecin. L'employé peut aussi accumuler les journées de maladie non utilisées et reçevoir à sa retraite 5 $ par jours accumulés (jusqu'à concurrence de 150 jours)[16]. Dans l'ensemble du Québec, à peine une trentaine de contrats de travail sont en vigueur en 1955[17]. Lachine, en ce sens, fait figure de pionnière. La Commission scolaire de LaSalle signera un contrat de travail avec ses enseignants, en 1960, et celle de de Saint-Pierre, en 1962.

L'évolution des commissions scolaires et surtout du système de l'éducation prend une tangente différente. L'influence de l'Église catholique diminue à l'intérieur des écoles. Cette tendance se manifestait déjà durant les années cinquante. La Révolution tranquille confirme que l'État québécois se modernise et s'ajuste aux réalités nord-américaines. Les jeunes travailleurs doivent majoritairement être plus instruits. La création du ministère de l'Éducation est une étape fort importante; elle fait suite aux recommandations du rapport Parent...

Vers novembre 1955, Mgr Aimé Boileau président de la Commission scolaire de Lachine et curé de la paroisse des Saints-Anges et sœur Marie-Aline des Sœurs de Sainte-Anne. Elle reçut en 1943 la médaille du mérite scolaire pour son dévouement auprès des enfants. De 1942 à 1955, elle fut la directrice du Jardin des Saints-Anges, une maternelle à Lachine. Elle décéda en 1964 à l'âge de 95 ans.

Source: Archives de la Commission scolaire du Sault-Saint-Louis

Une classe d'élèves à l'école Desrosiers en 1953-1954 et l'enseignante Mme B. Monflette.
Source: Archives de la Commission scolaire du Sault-Saint-Louis

L'école Saint-Sacrement à l'angle de la 3e avenue et de la rue Provost en 1954.
Source: Archives du musée de Lachine

L'école Desrosiers au mois de mars 1957.
Source: Archives de la Commission scolaire du Sault-Saint-Louis

La 1ère levée de terre pour la construction de l'école *Bishop Whelan*. Nous reconnaissons, entre autres, à partir du 4e personnage, Mgr Emmett Carter, MM. Joseph Fillion, Mgr Boileau, Jacques Viau, Georges Chassé, frère Cléophas et Bernard Gélinas tous souriant pour la photo!
Source: Archives de la Commission scolaire du Sault-Saint-Louis

Signature d'un protocole d'entente entre la Commission scolaire de Lachine et la Commission scolaire du Très-Saint-Sacrement au mois de mai 1964 afin que les fille de la Commission scolaire du Très-Saint-Sacrement puisse fréquenter l'école secondaire Dalbé-Viau. Les signataires sont M. Jacques Viau et le curé Jarry, présidents des commissions scolaires concernées.
Source: Archives de la Commission scolaire du Sault-Saint-Louis

Vers 1963, une préparation des fêtes de Noël d'une classe pré-métier à Piché.
Source: Archives de la Commission scolaire du Sault-Saint-Louis

Le conseil des commissaires de LaSalle vers 1963; de gauche à droite, Messieurs Lévis Sauvé, Henri Lemieux, Zénon David (président), Laurent Tétrault, Paul Doyle. À l'arrière, J.-Léo Ouellette, Jacques Robidoux.
Source: Archives de la Commission scolaire du Sault-Saint-Louis

À l'école secondaire Dalbé-Viau, une classe de biologie de sœur Marie Émilien (vers 1966-1967).
Source: Archives de la Commission scolaire de Sault-Saint-Louis

À l'école secondaire Dalbé-Viau, une classe de dactylographie de sœur Gabrielle Hétu (vers 1966-1967)
Source: Archives de la Commission scolaire de Sault-Saint-Louis

IX– À L'ÈRE D'UNE RÉVOLUTION TRANQUILLE ET L'AVÈNEMENT DU SAULT-SAINT-LOUIS

Thème majeur du début des années soixante, la réforme scolaire est présentée par le Parti libéral comme un levier de changement socio-économique. À la suite de la mort de Maurice Duplessis, le «désormais» de Paul Sauvé annonce une transformation de la société québécoise.

La syndicalisation des enseignants se poursuit et, malgré l'affirmation contraire du premier ministre Lesage, la reine est forcée de négocier avec ses sujets! La mise sur pied de la Commission royale d'enquête sur l'enseignement, présidée par Mgr Alphonse-Marie Parent, est le signal attendu d'une large couche de la population qui souhaite l'amélioration du système d'éducation des Québécois. Les travaux de la Commission Parent s'échelonnent de 1961 à 1966. Sans prendre le temps de connaître toutes les mesures proposées par les différents volumes du rapport Parent, le gouvernement libéral réalise, dès 1961, la grande charte de l'éducation.

Plusieurs mesures, qui pourraient être considérées comme un rattrapage vis-à-vis des autres sociétés occidentales, sont votées au sujet des commissions scolaires:

— L'obligation de fournir l'enseignement secondaire jusqu'en 11e année.

— La responsabilité de la gratuité de l'enseignement et des manuels scolaires.

— Le pouvoir d'établir une caisse de retraite et des contrats d'assurance collective pour les employés.

— De nouvelles dispositions permettant l'établissement de commissions scolaires régionales.

— La fréquentation scolaire obligatoire jusqu'à l'âge de 15 ans, à compter du 1re juillet 1962.

— Le droit de vote aux élections scolaires pour les parents d'enfants de moins de 18 ans.

— Un nouveau régime de subventions statutaires pour les commissions scolaires et d'octrois pour l'organisation de maternelles.

— Une allocation de 10 $ est versée aux mères d'écoliers de 16 à 18 ans[1].

Sans abolir le système confessionnel, le ministère de l'Éducation est institué en 1964. Les commissions scolaires locales au nombre de 1 500 sont peu à peu associées à un regroupement qui débouche sur la création de 55 commissions scolaires régionales et catholiques (l'opération 55). Mais l'un des changements majeurs (très critiqué après sa réalisation) est, sans conteste, la création d'immenses écoles secondaires de 1 000 à 3 800 écoliers. La fusion des écoles de métiers et des écoles secondaires (l'école polyvalente) est le fruit des réformes initiées avec la Révolution tranquille mais qui ne se réalisera qu'au début des années 1970.

Un regard sur quelques changements

Dès 1963, la Commission scolaire de Lachine décide de la construction d'une nouvelle école secondaire pour les filles. L'école secondaire Dalbé-Viau fait honneur à l'architecte des écoles Savaria, Piché, Provost, Très-Saint-Sacrement, de l'hôtel de ville de Lachine et de l'église des Saints-Anges. Monsieur Dalbé Viau fut marguillier de la paroisse des Saints-Anges, échevin et maire de Lachine, sans oublier commissaire d'école[2]. Le président de la Commission scolaire de Lachine à l'époque, M. Jacques Viau, est son fils.

L'école Dalbé-Viau devient une polyvalente, au cours des travaux durant les années 1973 à 1975. L'ouverture de la polyvalente se fait au mois de septembre 1975, mais la section professionnelle n'est pas entièrement terminée. La Commission scolaire du Sault-Saint-Louis présidera à l'ouverture officielle en 1979.

À la Ville de LaSalle, l'école secondaire Cavelier-de-LaSalle ouvre ses portes en septembre 1965 et l'enseignement est dispensé par des laïques et par quelques membres des communautés religieuses tels que les sœurs des Saints Noms de Jésus et de Marie et les frères du Sacré-Cœur.

Divers changements caractérisent la période de 1960 à 1980. Ainsi, un mouvement amorcé durant la décennie précédant la Révolution tranquille se poursuit: celui de la baisse des vocations religieuses. Le corps enseignant se laïcise de plus en plus faute de trouver de nouvelles recrues dans les communautés religieuses. À l'été 1962, la supérieure provinciale des sœurs de Sainte-Anne, sœur Marie-Rose Élizabeth informe les commissaires de Lachine que les religieuses n'enseigneront plus à l'école Therrien ni à l'école Savaria.

Un autre signe de l'évolution des mentalités, au mois de juin 1967, la Commission scolaire de Lachine accorde des congés de maternité aux enseignantes Wilson et Brodeur. Mais l'événement marquant de la période est le droit de grève acquis par les professeurs. En 1969, un épisode d'un conflit scolaire éclate: les enseignants du lac Saint-Louis retiennent les services de Jacques Bonin pour activités syndicales, mais les commissaires affirment que celui-ci doit respecter son contrat de professeur d'éducation physique. la suite de grèves tournantes, la Commission scolaire de Lachine accepte d'accorder des congés pour activités syndicales.

Les luttes syndicales, les droits des femmes, la diminution constante des enseignants religieux, les immenses écoles secondaires, les réformes pédagogiques sont parties intégrantes d'une révolution de l'éducation lors de la Révolution tranquille. Est-ce que cette «révolution» est due à un rattrapage d'un retard accumulé? Est-ce un réajustement forcé causé par l'augmentation fulgurante de la clientèle scolaire? Ou n'est-elle qu'une accélération d'une série de mesures législatives qu'une partie bien-pensante de la société québécoise réclamait depuis belle lurette? Je laisse le soin au lecteur de répondre à ces questions.

La marche vers une fusion des commissions scolaires

La naissance de la Commission scolaire du Sault-Saint-Louis est la suite d'un processus enclenché par le rapport Parent. Dès 1963, le directeur des études M. R. Rheault de la Commission scolaire de LaSalle propose la création d'une commission scolaire régionale qui regrouperait Verdun, Lachine, Saint-Pierre-aux-Liens et LaSalle. Le nouvel organisme s'occuperait du cours secondaire de la 8e à la 11e année et les commissions scolaires locales conserveraient la responsabilité du cours primaire.

À l'automne 1963, l'établissement d'une école secondaire régionale attire l'attention des associations parents-maîtres et des chambres de commerce, et le débat préoccupe les représentants du comité de planification du ministère du Bien-Être et de la Jeunesse[3].

À l'idée d'établir des commissions scolaires régionales en 1963, les commissions scolaires locales ne réagissent qu'en 1965. Déjà la Commission scolaire du Très-Saint-Sacrement recommande d'être intégrée à un organisme scolaire formé des commissions scolaires de Lachine et de Saint-Pierre-aux-Liens. Or, la Commission scolaire de Lachine ne l'entend pas ainsi et refuse de se joindre à un tel projet[4].

En 1967, les conclusions ultimes du rapport Parent sont diffusées et l'une d'entre elles favorise la régionalisation de l'île de Montréal pour former sept commissions scolaires régionales[5]. La volonté du gouvernement provincial de restructuration scolaire sur l'île de Montréal se fait plus insistante et, en 1968, les commissions scolaires du Très-Saint-Sacrement, de Lachine, de Dorval et de Saint-Pierre-aux-

Liens se réunissent pour discuter d'un regroupement sous une seule administration. Quelques mois plus tard, la Commission scolaire de Dorval se retire du projet[6]. Or, une proposition du conseil de restructuration scolaire de l'île Montréal regrouperait plutôt la Commission scolaire de Saint-Pierre-aux-Liens avec celles de Montréal-Ouest, Côte-Saint-Luc, Hampstead, Mont-Royal, Outremont et Westmount. La Commission scolaire du Très-Saint-Sacrement rétorque que la Commission scolaire de Saint-Pierre-aux-Liens devrait faire partie des territoires de Lachine, Dorval et Pointe-Claire à cause des affinités naturelles de population et d'organisation sociale. Par exemple, les élèves anglophones de Saint-Pierre-aux-Liens fréquentent l'école *Bishop Whelan* de Lachine. De plus, l'école secondaire Dalbé-Viau n'est située qu'à deux milles de Saint-Pierre-aux-Liens[7]. Bref, les propositions de réunification scolaire pleuvent sans toutefois aboutir à une décision finale.

Or, en 1971, le problème de restructuration scolaire est en voie d'être réglé, mais le projet de loi 28 inclut Saint-Pierre-aux-Liens avec les territoires des villes de Mont-Royal, Outremont, Hampstead et Côte-Saint-Luc. Pourtant, la Commission scolaire de Saint-Pierre-aux-Liens préfère se retrouver dans la zone 8 dite du Lachine métropolitain[8].

Finalement, en 1973, les commissions scolaires de Lachine, du Très-Saint-Sacrement, de LaSalle et de Saint-Pierre-aux-Liens forment la Commission scolaire no 4 qui a autorité sur la municipalité scolaire du centre-sud de Montréal. Le 8 novembre 1973, par arrêté en conseil du gouvernement du Québec, la Commission scolaire n° 4 devient la Commission scolaire du Sault-Saint-Louis[9].

À l'origine du nom Sault-Saint-Louis

Pour trouver le nom de la nouvelle commission scolaire, le directeur général, M. Jean-Pierre Laferrière fit appel à la Commission de géographie du ministère des Terres et Forêts du Québec. Les fonctionnaires du ministère ont effectué des recherches et trouvé le nom de Sault-

Saint-Louis, qui correspond judicieusement à l'histoire commune du territoire des commissions scolaires constituantes. Le Sault-Saint-Louis est l'ancien nom d'une partie du fleuve Saint-Laurent à la hauteur du village des Rapides à LaSalle[10].

À l'exception de Montréal et de Verdun qui conservent leur territoire intact, toutes les commissions scolaires locales de l'île de Montréal sont réunies au sein d'un regroupement quelconque. Au-dessus de ces différentes fusions, le Conseil scolaire de l'île de Montréal supervise les modalités d'application de la loi 71. Parmi les tâches accomplies, l'uniformisation du taux de la taxe scolaire sur les compagnies de l'île de Montréal[11].

Le comité d'implantation

Pour se réaliser, la fusion des quatre commissions scolaires dites du centre-sud (avant de choisir le nom définitivement) prit les six premiers mois de l'année 1973. Il fallait intégrer sous la direction d'un comité d'implantation, les aspects pédagogiques, financiers, matériels et les ressources humaines. L'une des tâches de ce comité était de faire le recensement de la population catholique pour préparer la répartition des districts électoraux et élire au suffrage universel les neuf premiers commissaires. Le président du comité d'implantation était M. Laurent Tétrault (commissaire à la Commission des écoles catholiques de LaSalle) et le secrétaire, M. Bernard Gélinas (secrétaire-trésorier de la Commission scolaire de Lachine), lequel ne demeura en poste que quatre mois: il devait décéder en avril 1973[12].

Ce comité d'implantation forma des sous-comités pour mener à terme toutes les tâches.

À partir de ces sous-comités, devaient se dessiner la nouvelle structure hiérarchique de la commission scolaire. Par exemple, le sous-comité de l'administration s'occupait du budget et des élections sous la coordination de M. Jacques Robidoux. Un autre comité, celui de la négociation, fut établi pour en venir à des ententes avec les syndicats.

La fusion, les débats

Dès janvier 1973, la presse locale, à Lachine, s'inquiète du silence de la loi 71 sur la question linguistique, qui est perçu «comme une démission du législateur devant cette préoccupation primordiale»[13]. La question linguistique, en 1969, à Saint-Léonard, a dérangé le gouvernement de l'Union Nationale de J.-J. Bertrand, la crise d'octobre a brassé la question nationale et les années qui suivent ne règlent en rien le problème de la langue française au Québec. Mais il représente encore actuellement un défi de taille pour les commissions scolaires.

Par contre, en 1973, les représentants des professeurs des écoles anglaises et les parents anglophones mettent en évidence l'absence d'anglophones au conseil scolaire et au comité d'implantation. En avril 1973, à une assemblée spéciale du comité d'implantation, près de 500 parents anglophones protestent au sujet de la faible représentation administrative anglophone à la nouvelle commission scolaire. La seule anglophone à en faire partie est Maureen Tester. Elle affirme que la direction de la Commission scolaire du Sault-Saint-Louis aurait besoin de plus d'anglophones. M. Hubert Lavigne réplique que le nouvel organisme ne peut avoir plus de 22 membres et qu'un organigramme administratif de 25 à 30 postes serait rejeté par Québec[14].

Le premier juillet 1973, la Commission scolaire n° 4 (Commission scolaire du Sault-Saint-Louis) tient sa première assemblée et les commissaires sont messieurs Hubert Lavigne (président), Jules Poirier (vice-président), René Vincent, Jean-Guy Domon, Robert Desforges, Gérard Latreille, Sabin Hébert, Laurent Tétrault et madame Maureen Tester. Par ailleurs, le conseil de gestion se compose, entre autres, de messieurs Jean-Pierre Laferrière, directeur général, et Jacques Robidoux, directeur général adjoint.

La gestion et l'administration sont au départ disséminées sur le territoire de la Commission scolaire. La direction générale est dans les locaux de l'école Notre-Dame-du-Sacré-Cœur sur la rue Édouard, à LaSalle. L'enseignement des secteurs francophones et anglophones, l'éducation des adultes et le service de l'équipement sont situés dans le pavillon Léopoldine sur la rue Provost à Lachine. Le service aux étudiants est localisé dans l'ancien château Saint-Louis sur la rue Saint-Louis, à Lachine. Le service du personnel est logé à l'académie Piché, sur la 15e avenue, à Lachine, et les services financiers, à l'annexe de l'école Allion sur la 5e avenue, à LaSalle.

Les travaux d'édification du siège social actuel de la Commission scolaire du Sault-Saint-Louis débutent au mois d'août 1974. Dès janvier 1975, quelques services s'installent au 8700 boulevard Champlain, à LaSalle, et, un mois plus tard, ils y sont tous regroupés. La Commission scolaire du Sault-Saint-Louis est alors locataire des lieux et elle n'en devient propriétaire qu'en 1981, date de l'inauguration officielle[15].

Plus de 15 ans se sont écoulés depuis sa fondation et la Commission scolaire du Sault-Saint-Louis gère toujours les écoles primaires et secondaires du secteur catholique des villes de LaSalle, Lachine et Saint-Pierre. L'augmentation du nombre des écoliers durant les années soixante a maintenant fait place à une baisse de la natalité. La fermeture de l'école Notre-Dame-du-Sacré-Cœur, à LaSalle, et la démolition de l'école Piché, à Lachine, symbolisent le mieux les changements survenus en moins de vingt ans dans le secteur général. Aujourd'hui, les établissements scolaires ne sont plus surpeuplés, les enseignants se recyclent et les administrateurs n'ont plus de marges de manœuvres financières. Dans le milieu scolaire, on ne parle plus d'expansion ou de «révolution», mais de stabilisation et de consolidation. Face à la crise des taux d'intérêts, aux coupures de personnel et aux tensions linguistiques, les commissaires ont navigué en eaux troubles. Cependant, il existe un secteur très dynamique et sans cesse en croissance: le service aux adultes.

Le service aux adultes

À la suite du rapport déposé par le comité Ryan en 1964 dont les recommandations sont également reprises par le rapport Parent, le gouvernement libéral crée des services d'éducation aux adultes au sein des commissions scolaires. Il est à noter que ces services bénéficient, très largement entre 1960 et 1980, des subventions du gouvernement fédéral pour la formation professionnelle[16].

En 1966, la Direction générale de l'éducation permanente (D.G.E.P.) du ministère de l'Éducation du Québec exerce un contrôle et une coordination de l'éducation des adultes. L'un des projets mis au point par la D.G.E.P. est l'opération «Départ» qui sert à Montréal à entreprendre une réflexion sur l'éducation permanente pour, ensuite, élaborer la politique québécoise d'éducation aux adultes. Un autre projet, le projet Sésame, vise à mettre de l'avant de nouvelles pédagogies adaptées à la clientèle particulière des jeunes adultes (ex.: animation sociale).

En 1972, le service éducatif d'aide personnelle et d'animation communautaire (S.E.A.P.A.C.) est mis sur pied grâce à des initiatives prises par certaines commissions scolaires régionales pour établir des services d'orientation, d'information et d'animation communautaire. L'implantation des programmes par objectifs, l'enseignement individualisé et une approche axée sur les conditions sociales en éducation populaire représentent les autres facettes importantes qui ont imprégné le développement du service aux adultes à la Commission scolaire du Sault-Saint-Louis.

Avant la fusion des quatre commissions scolaires dans le secteur du centre-sud de l'île de Montréal, seules les commissions scolaires de Lachine et de LaSalle avaient un service d'éducation permanente. Bref, le service aux adultes de la Commission scolaire du Sault-Saint-Louis est le fruit des expériences des deux plus anciennes commissions scolaires: à Lachine, le S.É.A. était dirigé par M. Réginald Charbonneau et à LaSalle par M. Jean-Denis Clairoux.

Pour l'année scolaire 1973-1974, le S.É.A. offre à la population un éventail impressionnant de cours: à temps partiel, des cours donnés habituellement au secteur général comme le français, la chimie, les mathématiques, la physique, etc.; des cours d'anglais langue seconde, des cours de langue aux immigrants; des cours du secteur commercial (ex.: dactylographie, tenue de livres, sténographie, etc.); des cours de métiers (ex.: soudure, dessin mécanique, ajustage mécanique, électronique, etc.); des cours d'éducation populaire (ex.: tricot au crochet, macramé, couture, yoga, etc.). Le S.É.A. accepte également les jeunes admissibles aux allocations de formation. La sélection se fait au centre de main-d'œuvre du Canada de Lachine et le candidat doit ne pas avoir fréquenté l'école depuis au moins douze mois. L'étudiant peut suivre alors un cours à temps plein de formation professionnelle ou de formation générale. En 1976-1977, près de 10 000 inscriptions aux cours pour les adultes sont recueillies et près de 400 employés (90 % à temps partiel) sont mis, par la Commission scolaire, à la disposition du S.É.A.

Le S.É.A. de la Commission scolaire du Sault-Saint-Louis ne s'est pas contenté que de fournir des cours à la population. En 1977, dans le cadre de son programme d'animation communautaire, il met sur pied un Comité de citoyens des espaces verts à LaSalle[17]. Les objectifs sont, entre autres, d'informer et de sensibiliser les citoyens sur la qualité de l'environnement; de surveiller et de dénoncer l'atteinte à l'environnement; de faire en sorte que chaque citoyen devienne un agent de promotion de la qualité de l'environnement. Le principal cheval de bataille des Espaces verts de LaSalle est l'utilisation des lots du terrain du golf de LaSalle. Le nouveau comité de citoyens reçoit l'aide technique et professionnelle en animation communautaire de M. Robert Goyer.

La Commission scolaire du Sault-Saint-Louis laisse, peu de temps après, au Comité des espaces verts prendre son envol. L'établissement d'un parc près des rapides, l'opposition à la démolition du manoir Ogilvie, la prise de conscience écologique et le recyclage des déchets est en partie redevable à l'action de partisans comme M. Paul Desbiens, des Espaces verts de LaSalle. L'une des figures connues du groupe est Mme Yolande Massé, conseillère municipale à la Ville de LaSalle.

Cependant, l'animation communautaire du S.É.A. réalise plusieurs autres initiatives. Par exemple, un projet de regroupement de personnes handicapées physiques voit le jour. Il porte, en 1980, le nom de «l'Accès» et vise à l'amélioration du service de transport dans la région du sud-ouest de Montréal. De plus, un centre de rencontres appelé «Jeune Aise» est établi pour les femmes.

Au début des années 80, le S.É.A. délaisse, à cause des restrictions budgétaires, une bonne majorité des cours d'éducation populaire. D'autre part, le gouvernement du P.Q. veut, à cette époque, réorienter les services d'éducation aux adultes dans la province. Il forme, en janvier 1980, la Commission d'étude sur la formation professionnelle des adultes, sous la présidence de Michèle Jean, une conseillère andragogique à l'éducation des adultes au cégep Bois-de-Boulogne. Le rapport est déposé, en 1982, durant la récession économique. Néanmoins, le rapport Jean apporte de nouvelles perspectives à l'éducation des adultes, notamment en proposant une plus grande accessibilité des cours aux adultes. Récemment, la loi 107 confirmait cette accessibilité aux services éducatifs pour les adultes et, aussi, la gratuité des services d'alphabétisation et de formation. Pour la première fois, les adultes peuvent compter sur une assise légale solide de leurs droits. La loi favorise la constitution du centre d'éducation des adultes placé sous la direction administrative et pédagogique d'un directeur[18].

Pour retrouver une certaine clientèle perdue, la Commission scolaire lance, en septembre 1988, un nouveau projet.

Le collège d'éducation internationale

L'Association des écoles internationales a accordé à la Commission scolaire du Sault-Saint-Louis le mandat de dispenser, dès septembre 1988, un nouveau programme de certificat international d'enseignement général.

L'élève qui s'inscrit à l'école d'éducation internationale au Québec doit suivre le programme officiel du ministère de l'Éducation et certains cours supplémentaires. Ce programme enrichi du secondaire est donné au collège Saint-Louis, situé près de la 32e avenue, à Lachine.

Le collège Saint-Louis offre aux élèves doués qui ont réussi les examens d'admission, de bénéficier de l'approche systémique. Cette approche privilégie l'interrelation de toutes les disciplines enseignées. Ainsi, l'examen d'admission porte sur cinq points: le quotient intellectuel, la créativité, la motivation, le français et les mathématiques.

Les matières enseignées mettront l'accent sur une approche humaniste et sur la qualité du français. Le port d'un costume obligatoire rétablit une pratique qui est peu courante dans les écoles publiques. Les écoliers admis, pour l'année scolaire 1988-1989, au collège Saint-Louis, commencent la première année du secondaire. Pour les années subséquentes, la règle établie est de ne pas accepter de nouveaux élèves au-delà de la 2e secondaire, sauf s'ils proviennent d'un autre collège d'éducation internationale. Le collège Saint-Louis offre un encadrement de premier plan aux adolescents doués, une catégorie trop souvent ignorée des écoles publiques[19].

L'initiative d'offrir un cours d'éducation internationale aux jeunes de la région du sud-ouest de l'île de Montréal fut saluée de manière élogieuses par les médias. Cette expérience montre, sans aucun doute, que la Commission scolaire du Sault-Saint-Louis est prête à répondre aux défis lancés par les établissements privés.

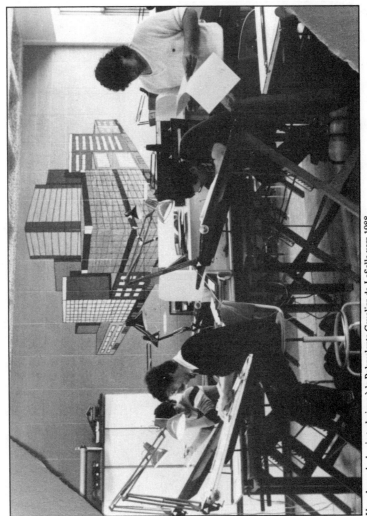

Une classe de dessin technique à la Polyvalente Cavelier-de-LaSalle vers 1988.
Source: Archives de la Commission scolaire du Sault-Saint-Louis

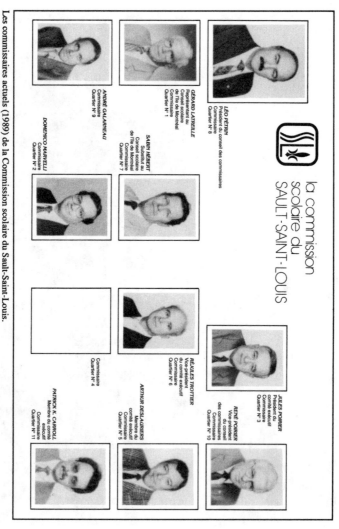

la commission scolaire du SAULT-SAINT-LOUIS

LÉO PÉTRIN
Président du conseil des commissaires
Commissaire
Quartier N° 8

GÉRARD LATREILLE
Représentant au
Conseil scolaire
de l'île de Montréal
Commissaire
Quartier N° 1

SABIN HÉBERT
Substitut au
Conseil scolaire
de l'île de Montréal
Commissaire
Quartier N° 7

ANDRÉ GALARNEAU
Commissaire
Quartier N° 9

DOMENICO MARVELLI
Commissaire
Quartier N° 2

RÉJULES TROTTIER
Vice-président
du comité exécutif
Commissaire
Quartier N° 6

JULES POIRIER
Président du
comité exécutif
Commissaire
Quartier N° 10

RENÉ POIRIER
Vice-président
des commissaires
du conseil
Quartier N° 3

Commissaire
Quartier N° 4

ARTHUR DESLAURIERS
Membre du
comité exécutif
Commissaire
Quartier N° 5

PATRICK K. CARROLL
Membre du comité
exécutif
Commissaire
Quartier N° 11

Les commissaires actuels (1989) de la Commission scolaire du Sault-Saint-Louis.
Source: Archives de la Commission scolaire du Sault-Saint-Louis

SIGLES, ABRÉVIATIONS

A.C.S.S.S.L.: Archives de la Commission scolaire du Sault-Saint-Louis

A.H.V.L.: Archives de l'hôtel de ville de Lachine

A.N.Q.M.: Archives nationales du Québec à Montréal

A.P.S.A.L: Archives de la paroisse des Saints-Anges de Lachine

C.S. DE LASALLE: Commission scolaire de LaSalle

C.S.L.: Commission scolaire de Lachine

C.S.S.A.L.: Commission scolaire des Saints-Anges de Lachine (LaSalle)

C.S.ST-P.-A.-L.: Commission scolaire de Saint-Pierre-aux-Liens

C.S.T.ST-S.: Commission scolaire du Très Saint-Sacrement

P.V.: Procès-verbaux

S.P.Q.: Statuts de la province de Québec

N.B.: Les procès-verbaux des réunions des commissaires sont regroupés dans les archives de la Commission scolaire du Sault-Saint-Louis. Les commissions scolaires constituantes du Sault-Saint-Louis ont versé leurs archives à la Commission scolaire du Sault-Saint-Louis. Ces archives représentent nos principales sources d'informations.

NOTES

Chapitre I

1. Voir Marcel BEAUDET, *Historique des Rapides de Lachine, (L'ancien Sault-Saint-Louis)*, Ville de LaSalle, L'Auteur, 1983, p. 13.

   L'auteur cite l'ouvrage de Jean DUMONT, *Les voyages de Samuel de Champlain. La découverte du Canada*, tome I. Montréal, Les Amis de l'histoire, 1969, p. 40, 117-118.

   Selon une autre source, le toponyme Sault-Saint-Louis aurait été donné en l'honneur du roi Louis XIII. Marcel TRUDEL, *Histoire de la Nouvelle-France*, II, Le Comptoir, 1604-1627, Montréal/Paris, Fides, 1966, p. 76.

2. Plusieurs détails sur Cavelier de LaSalle proviennent de: Céline DUPRÉ, «Robert Cavelier de LaSalle», *Dictionnaire biographique du Canada*, Québec/Toronto, 1966, vol. 1, p. 178 à 189.

   Voir également: Denis GRAVEL, Claude COUTURE et Jean-Marc GRENIER, *Histoire de Ville de LaSalle*, Montréal, Méridien, 1988, p. 14 à 21.

3. Normand MOUSSETTE, *En ces lieux que l'on nomma «La Chine»*..., Lachine, Cité de Lachine, 1978, p. 20-21, 37 à 39 et 98 à 113.

   L'auteur nous éclaire sur la naissance de la «Coste Saint-Sulpice» et sur l'origine du nom de «La Chine».

4. A.N.Q.M., «Donation irrévocable par Jean Chevalier en faveur de l'Église de Lachine de Montréal», *minutier de Bénigne Basset*, 18 oct. 1671, transcription dans *Bulletin des recherches historiques*, vol. 34, janv. 1928, n° 1, p. 26-27.

5. C.J. Russ, *Dictionnaire biographique du Canada*, vol. II (1701 à 1740) PUL, 1969, p. 586-587

6. N. Moussette, *op. cit.*, p. 41.

7. Louis-Philippe Audet, *Le système scolaire de la province de Québec* tome II: *L'instruction publique de 1635 à 1800*, Québec, PUL, 1951, 362 pages.
   Plusieurs ouvrages de cet auteur ont servi à décrire le contexte des différentes époques sur l'historique de la Commission scolaire du Sault-Saint-Louis. Le tome II nous a été très utile sur la situation de l'enseignement au XVIIe siècle.

8. Louis-Philippe Audet, *Le système scolaire de la province de Québec, tome I, Aperçu général*, Québec, Éd. de l'Érable, 1951, p. 20-26-27 et 29.

9. N. Moussette, *op. cit.*, p. 29.
   Louis-Philippe Audet, *Histoire de l'enseignement au Québec 1608-1971* tome I, Montréal, Holt, Rinehart et Winston, 1971, p. 142, voir le tableau des écoles de campagne. L'auteur laisse entendre que la petite école existait dès 1676. Mais elle ne peut être dirigée par le curé Rémy qui n'arrive à Lachine qu'en 1680.

10. D'autres sources d'informations ont servi à la création de ce premier chapitre: Lambert, *Histoire de la Congrégation de Notre-Dame de Montréal 1620-1700*, vol I, Montréal, 1941, p. 257 à 261.
    Yves Poutet, *Bulletin du Comité des études*, Compagnie de Saint-Sulpice, Paris, avril-juin 1961: «La compagnie de Saint-Sulpice et les petites écoles de Montréal au XVIIe siècle (1657-1700)», p. 164 à 184. Nous remercions également Monsieur Bruno Harel des Archives du Séminaire de Saint-Sulpice pour la

consultation des documents sur le curé Pierre Rémy.

Amédée GOSSELIN, *L'instruction au Canada sous le régime français*, Québec, Laflamme E. Proulx, 1911, p. 81 et 201.

11. Archives de l'hôtel de ville de Lachine, cote: HR-01-15, *Les papiers d'Anatole Carignan*, p. 37-38. Un historique de l'ancien maire de Lachine A. Carignan au sujet des premiers colons et arrivants à Lachine. La date de 1684 est mentionnée également par René JETTÉ, *Dictionnaire généalogique du Québec*, Montréal, PUM, 1983, p. 937.

Nous n'avons pas retracé d'actes notariés donnant la date précise de l'arrivée de J.-B. Pothier ou de ses débuts en tant qu'instituteur.

12. En plus de R. JETTÉ, *op. cit.*, p. 937, voir André VACHON, *Histoire du notariat canadien*, Québec, PUL, 1962, p. 37 à 44.

13. A.H.V.L., *Transcriptions d'Anatole Carignan*, Cote: HR-01-12, «Assemblée des marguilliers au sujet de la réfection de l'église», 16 avril 1684.

14. *Ibid.*, «Assemblée des marguilliers concernant les travaux de l'église, le presbytère, la maison des sœurs de la Congrégation», 18 fév. 1685.

15. Cité par N. MOUSSETTE, *op. cit.*, p. 41.

16. A.H.V.L., *Transcriptions d'Anatole Carignan*, Cote: HR-01-12, «Assemblée des marguilliers: église. Les paroissiens ne peuvent vendre, échanger, ni aliéner», 29 juillet 1685; «Assemblée des marguillers: concernant les travaux de réfection pour la sacristie, la cour du presbytère, le devant de l'église, le jardin, l'agrandissement du cimetière, le puits, le tambour du presbytère, réparations à l'église, rémunération du chantre et du maître d'école», 16 juin 1686.

17. A.N.Q.M., «Constitution de rente par les marguilliers des Saints-Anges de Lachine, à Messire Pierre Rémy, curé de ladite paroisse: ledit Pierre Rémy curé ayant fourni l'argent nécessaire pour parachever les travaux...», *minutier d'Hilaire Bourgine*, 8 oct. 1686.

18. A.N.Q.M., «Fondation de M. Rémy à la fabrique de Lachine», *minutier d'Hilaire Bourgine*, 9 oct. 1686. Selon Louise Dechêne, *Habitants et marchands de Montréal au XVIIe siècle*, Montréal, Boréal, 1988 (réédition), p. 468, note (65), J.B. Pothier aurait reçu 150 livres par année, citant un testament de M. Rémy, copie Faillon LL50.
Mais d'après N. MOUSSETTE, *op. cit.*, p. 41-42, note (5), c'est 50 livres par an qui semble le plus juste.

19. A.H.V.L., Cote: HR-01-12, «Fondation de lampe perpétuelle, chantre et maître d'école, Pierre Rémy, Jean Cuillerier, Jean Michau», *minutier d'Hilaire Bourgine*, 16 avril 1687. Voir également les transcriptions des testaments de Pierre Rémy, curé par Anatole Carignan, Cote: HR-01-18.

20. Voir à ce sujet: Désiré GIROUARD, *Le Vieux Lachine et le massacre du 5 août 1689*, Conférence donnée devant la paroisse de Lachine, le 6 août 1889, Montréal, Gebhart-Berthiaume, 1889. Voir le résumé de N. MOUSSETTE, *op. cit.*, p. 42 à 44.

21. D'après les recherches de Robert-Lionel SÉGUIN, «Le comportement de certains habitants de Lachine aux environs de 1689», dans *Bulletin des recherches historiques*, vol. 60, oct.-nov.-déc. 1954, n° 4, p. 187 à 193.

22. LAMBERT, *Histoire de la Congrégation de Notre-Dame de Montréal*, (1693-1700) vol. II et V p. 162, 171-172.

23. *Ibid.*, vol. II et V, p. 177 et 415.

Chapitre II

1. Loi 4, Geo. III, c. 17

2. L'un des ouvrages les plus importants sur l'Institution royale: Louis-Philippe AUDET, *Le système scolaire de la province de Québec, tome III, L'Institution royale, les débuts: 1801-1825, tome IV, Le déclin: 1825-1846*, Québec, PUL, 1952.

3. Louis-Philippe AUDET, *op. cit.*, tome IV, p. 123, 141, 171, 218, 221-222, 231-232.

De 1810 à 1822 John Skimming est enseignant. De 1822 à 1831 D. T. Jones le remplace, mais nous savons d'après Audet que le révérend Gale est maître d'école en 1831. De plus, en 1822 William Hall a tenu une classe de 23 élèves.

Nous savons également que John Skimming en 1820 était rémunéré à 50 livres sterling par année. Sa classe était de 36 élèves et il enseignait la lecture, l'écriture, la grammaire en anglais et en français et l'arithmétique. Sa fille enseignait aux filles les rudiments des langues française et anglaise et le travail à l'aiguille. Elle n'était pas rémunérée pour ces tâches.

Voir Réal G. BOULIANNE, *The Royal Institution for the advancement of Learning: The Correspondance, 1820-1829*, A Historical and Analatical Study, thèse de doctorat (histoire), université Mc Gill, 1970, vol. 2, p. 430 à 446.

Audet et Boulianne ont puisé abondamment dans les archives de l'université McGill qui comprennent entre autres:

— les lettres écrites par les secrétaires du bureau à diverses personnes;

— les lettres adressées à l'Institution royale;

— les procès-verbaux de l'Institution royale.

Nous avons consulté quelques-uns de ces documents.

4. Loi 4, Geo IV, c. 31.

5. Voir également Louis-Philippe AUDET, *Histoire de l'enseignement au Québec, 1608-1840*, tome I, Montréal, HRW, 1971, p. 386 à 400.

6. Loi 4, Vict., c. 4.

7. Loi 4,5, Vict., c. 18.

8. André LABARRÈRE-PAULE, *Les instituteurs laïques au Canada français: 1836-1900*, Québec, PUL, 1965, p. 111.

9. Loi 8, Vict., c. 41.

10. Y. Majerus, *L'éducation dans le diocèse de Montréal d'après la correspondance de ses deux premiers évêques, Mgr J.-J. Lartigue et Mgr I. Bourget*, de 1820 à 1867, thèse de doctorat (histoire), université McGill, 1971.

11. Loi 9, Vict., c. 27.

12. *The Canada Gazette*, 21 juin 1845, p. 1867-1869.

13. Loi 9, Vict., c. 27.

14. Voir la loi 10,11, Vict. chap. 7 (28 juil. 1847) la clause qui maintient les corporations scolaires: (...) «and that each Parish, Township or place which immediately before the time when this act shall come into force and effect shall be a municipality for the purpose of the act passed, in the now last session, and intituled, an act to repeal certain enactments there in mentionned and to make better provision for Elementary Instruction in Lower Canada shall notwithstanding any thing in this act, continue to be deemed to be a municipality within the meaning of the said act and for all the purposes thereof».
Nous avons consulté une autre compilation historique et juridique: Mario Dumesnil, *Historique des commissions scolaires*, Livre I, Fédération des commissions scolaires catholiques du Québec, document 2839, dossier 357.

15. Voir N. Moussette, *op. cit.*, p. 82; *p.-v.*, C.S.L. (1873-1894), p. 1,4-5,12-13.

16. Archives de la commission scolaire Baldwin-Cartier, *Livre des délibérations de la municipalité scolaire de la paroisse de la Présentation de la Sainte-Vierge* (1900-1912), p. 1, *Gazette officielle de Québec*, n° 10, vol. XXXII, folio 679, p. 1599.
La Commission scolaire de Dorval comprend (le 6 mars 1900) également les îles de Dorval et le n° 1027 du cadastre de la paroisse de Lachine. L'érection de la nouvelle commission scolaire prend effet le premier juillet 1900. L'arrondissement n°. 1 de la Commission scolaire de Dorval comprend la Ville de Summerlea. Cette

partie du territoire sera à nouveau annexée à la Commission scolaire de Lachine en 1946. Par un arrêté ministériel du 23 mai 1946,
les lots de terrain nos 882 à 899 (des plans officiels de la paroisse
de Lachine), entre la 45ᵉ avenue et la 56ᵉ avenue s'annexeront à
la Commisison scolaire de Lachine.
P.-v., C.S.L. (1944-1951), p. 81, 100-101.

17. *P.-v. de la municipalité scolaire de la paroisse des Saints-Anges
de Lachine* (1918-1926), 20 janv. 1922, p. 102.

18. A.P.S.A.L., «Lettre de Mgr Lartigue au curé de la paroisse des
Sts-Anges-Gardiens de Lachine», 24 juin 1838. Le 2 octobre est
la fête des Saints-Anges, véritables titulaires de l'église de Lachine
et non l'Archange St-Michel.

19. Selon la clause nᵒ 1 de la 20ᵉ section de la loi 8, Vict., chap. 41.

20. Archives de l'université McGill, *Minute Book of the Royal
Institution for Advancement of Learning* (7 nov. 1842 au 13 juin
1856), p. 147 et 181.
L'école royale sera donnée aux commissaires des écoles de
Lachine. Il n'est pas spécifié à quel organisme (protestant ou catholique).
Selon George MERCHANT, *St-Stephen's Church Lachine (1822-
1831-1956), Lachine 1956*, p. 116: Un rapport statistique datant
de juillet 1845 (?) préparé par le révérend William Bennett Bond
de l'église St-Stephen indique: «... three schools were in operation
at that time two under the charge of the Government School
Commissionners and one under the British North American
School Society».

21. C'est-à-dire la paroisse des Saints-Anges (ou faussement St-
Michel) de Lachine. Nous pouvons utiliser la formule abrégée:
«paroisse de Lachine».

22. Nous donnons plusieurs exemples des actions entreprises par les
commissaires. Grâce aux archives nationales du Québec, nous
avons retracé plusieurs actes notariés du minutier de Joseph

Dubreuil, qui nous fournissent des informations très pertinentes.

23. A.N.Q.M., «Engagement de M. Thomas Travor, aux commissaires d'écoles de la paroisse St-Michel de Lachine», *minutier de Joseph Dubreuil*, 26 août 1846.

24. A.N.Q.M., «Donation par Henry Pigeon aux commissaires d'écoles», *minutier de Joseph Dubreuil*, 29 mars 1847.

25. A.N.Q.M., *minutier de Joseph Dubreuil*, 6 avril 1849; La cave, les écuries et la remise ne sont pas comprises dans ce bail.

26. A.N.Q.M., *minutier de Joseph Dubreuil*, 23 juin 1849.

27. En 1850, les commissaires d'écoles sont Louis Barré, François Paré, Jean-Batiste Meloche, Henry Pigeon et Laurent Latour. A.N.Q.M., *minutier de Joseph Dubreuil*, 1ʳᵉ oct. 1850.
    En 1851, ils engagent l'institutrice d'expérience Rachel Allard. A.N.Q.M., *minutier de Joseph Dubreuil*, 14 février 1851.
    Par la suite, nous n'avons pu retrouver dans les actes notariés de Joseph Dubreuil, d'autres actions des commissaires, ni dans les minutiers de Alfred Narcisse Lepailleur, Léon Forest, Étienne Guy et Patrice Lacombe.
    Il n'existe pas de procès-verbaux des réunions des commissaires d'écoles de la municipalité de la paroisse de Lachine avant 1894. Il est difficile de retracer la vie scolaire de cette commission scolaire de 1846 à 1894.

28. N. Moussette, *op. cit.*, p. 73 et 83.

29. A.N.Q.M., *minutier de Joseph Dubreuil*, 13 août 1849.

30. André Gélinas, *Messire Nazaire Piché (1831-1900). Un pasteur providentiel et un témoin de son époque*, Lachine, Polyvalente Dalbé-Viau, 1981, p. 19, 22-23.
    Sœur Marie-Jean-de Patmos, *Les Sœurs de Ste-Anne, un siècle d'histoire*, tome I, 1850-1900, Lachine, Les sœurs de Sainte-Anne, 1950, p. 208.

31. N. Moussette, *op. cit.*, p. 76-77.

L'auteur explique avec de longues citations à l'appui, les démarches entreprises par le curé auprès de la compagnie de la Baie d'Hudson pour vendre, à un prix raisonnable, la propriété de Georges Simpson aux sœurs de Sainte-Anne.

32. A.N.Q.M., «Deed of Sale from the Governor and Company of Adventurers of England into Hudson's Bay to la Communauté des Filles de Sainte-Anne», *minutier de Isaac Jones Gibb*, 20 fév. 1861.

33. Protonotaire, «Vente par les commissaires d'écoles de la Ville de Lachine à la corporation de la Ville de Lachine», *minutier Léon Forest*, 3 juin 1875.
   Nous avons retrouvé le minutier de Léon Forest au Palais de justice (protonotaire) en automne 1988. Nous reviendrons ultérieurement dans le texte au sujet de l'école modèle catholique.

34. A.P.S.A.L., «rapport du curé Prévost, sur la paroisse de Lachine pour l'année 1859», cote: DC ra 0305859.

35. A. GÉLINAS, *Messire Piché..., op. cit.*, p. 23.

36. *Rapport du ministre de l'Instruction publique de la province de Québec pour l'année 1872-1873 et une partie de 1874*, Montréal, Minerve, 1874, (rapport de l'inspecteur F.-X. Valade), p. 167.

37. *Ibid.*

38. *Ibid.*
   Nous ne savons guère, selon l'état actuel de nos recherches, si l'école des Tessier était bien ou mal tenue. La venue des sœurs et l'appui du curé Piché semblent transformer le fonctionnement des écoles publiques existantes à Lachine. Dans quelle mesure les petites écoles publiques et laïques pouvaient-elles rivaliser avec les institutions tenues par les sœurs de Sainte-Anne? Poser la question c'est y répondre!

Chapitre III

1. S.P.Q. «Acte pour incorporer la corporation de la Ville de Lachine», 1872, 36, Vict. chap. 53.

2. N. Moussette, *op. cit.*, p. 76 et 131.
   Denis Gravel, Claude Couture et Jean-Marc Grenier, *Histoire de Ville de LaSalle*, Montréal, Méridien, 1988, p. 24-25.
   Serge Courville (dir.), *Paroisses et municipalités de la région de Montréal au XIXᵉ siècle (1825-1861)*, Québec, PUL, 1988, p. 113.

3. N. Moussette, *op. cit.*, p. 82 et *p.-v.* C.S.L. (30 oct. 1873), vol. I, p. 8.

4. Voir: N. Moussette, *op. cit.*, 80
   L'auteur cite des extraits des notes tenues par le curé Nazaire Piché dans un cahier de 175 pages, écrit vers 1899, sur les événements de la paroisse à Lachine de 1860 à 1900. Pour consulter ce cahier, voir les archives de la paroisse des Saints-Anges de Lachine (A.P.S.A.L.)
   A.P.S.A.L.: une requête du 24 mai 1854 des paroissiens de Lachine à Mgr Ignace Bourget pour relever le curé Duranceau de ses fonctions. Le 3 juin 1854 une requête favorable au curé est adressée à Mgr Bourget par un autre groupe de paroissiens.

5. D. Gravel, C. Couture et J.-M. Grenier, *op. cit.*, p. 25 à 31. Pour connaître le développement du quartier Highlands en 1912.

6. Expression tirée de: F. Stanislas, *Historique de Ville LaSalle*, L'ancien Lachine, LaSalle, L'auteur, 1950, p. 54.

7. *Registre des délibérations du conseil de la ville de Lachine*, vol. I A, 25 fév. 1868, p. 39-41 (boîte AM-02) et 27 mars 1868, p. 53-55.

8. *Ibid.,* 1ᵉʳ fév. 1869, p. 139-141; 5 juin 1871, p. 255, 279-280; 16 avril 1872, p. 309.

9. N. Moussette, *op. cit.*, p. 80-81.

10. *P.-v.*, C.S.L. (1873-1894), p. 4 à 7 et 12-13.

L'arrangement précis en décembre 1873 est le suivant: les commissaires de la Ville de Lachine devront payer les billets dus à M. F. Paré et à Mme Stanley pour une somme totale de 360 $. Pour toutes les autres dettes dans leurs limites territoriales, les commissaires de la paroisse s'en chargent. Ils remettront bien entendu l'excédent de la juste moitié des dettes que la Ville de Lachine aurait payé. (???)

11. *P.-v.* C.S.L. (1873-1894), p. 13.

12. *Ibid.,* p. 102-103.

13. *P.-v.*, C.S.L. (1894-1909), p. 430-431.

14. *Ibid.,* p. 432

15. *Ibid.,* p. 417-418.

16. A.C.S.S.S.L., *Livre des recettes* (1910-1953), photocopie d'un article de journal (sans date, nom ou auteur).

17. Louis-Philippe AUDET, *Histoire de l'enseignement au Québec*, tome II, p. 367.

18. *P.-v.*, C.S.L. (1873-1894), p. 48.

19. Sœur Marie-Jean-de-Patmos, p. 137, note 23, *Les Sœurs de Sainte-Anne, un siècle d'histoire, 1850-1900*, tome I, Lachine, Les sœurs de Sainte-Anne, 1950, p. 203.
L'externat des filles se tient dans la maison de Norton du 2 septembre 1861 au 1re mai 1863. Ce dernier, un riche propriétaire de Lachine, leur prête gratuitement deux locaux de sa maison pour servir d'école.

20. A.C.S.S.S.L., *75e anniversaire de la fondation de la Commission scolaire de Lachine fondée le 20 août 1873*, semaine de l'éducation 17 au 24 oct. 1948, Fonds de Lachine, boîte 60.
N. MOUSSETTE, *op. cit.*, voir la note 3 à la fin de la page 83.

21. *P.-v.*, C.S.L. (1873-1894), p. 308 et 310.

22. *Ibid.,* p. 34-35.

23. *Ibid.*, p. 91 à 93; N. Moussette, *op. cit.*, 82-83; A. Gélinas, *Nazaire Piché...*, *op. cit.*, p. 93-94-95.
   Protonotaire, , «Entente entre les frères des Écoles chrétiennes et la Commission scolaire de Lachine» *minutier de Léon Forest*, 29 août 1876.

24. *P.-v.*, C.S.L., *op. cit.*, p. 130 à 135, 304 et 320.

25. *Ibid.*, p. 315; A. Gélinas, *op. cit.*, p. 157. A.H.V.L., Commission scolaire, boîte 3, Cote: HR-01-23, photocopie de *L'Étendard*, 21 ou 22 nov. 1890.

26. *P.-v.*, C.S.L. (1894-1909), p. 315.

27. *Ibid.*, p. 254.

28. Terry Copp, *Classe ouvrière et Pauvreté*, Montréal, Boréal, 1978, p. 66.

29. *Ibid.*, p. 55.

30. *P.-v.*, C.S.L. (1909-1915), p. 139, 150, 231-232; *Cinquantenaire du Très-Saint-Sacrement* (album Savaria); André Gélinas, *Chroniques lachinoises au temps de Messire Savaria, curé de Lachine 1900-1916*, Lachine, Polyvalente Dalbé-Viau, 1987.

31. A.C.S.S.S.L., Fonds de Lachine, boîte 49 B, «Lettre de la C.S. de Lachine à la ville de Lachine», 23 mars 1910.

32. Sur le Conseil des arts et manufactures, voir: Jean-Pierre Charland, *Histoire de l'enseignement technique et professionnel*, Montréal, I.Q.R.C., 1982, p. 53 à 71.

33. A.C.S.S.S.L., Fonds de Lachine, boite 49 B, «Lettre de Sarra Bournet aux maire et échevins de la cité de Lachine», 22 déc. 1919.

34. *Ibid.*, «Lettre de la C.S. de Lachine aux maire et échevins de Lachine», 13 mai 1924 et «Lettre du Conseil municipal de Lachine à la C.S. de Lachine», 18 oct. 1924.

35. J.-P. Charland, *op. cit.*, p. 70-71.

36. Loi amendant la charte de la cité de Lachine (14 mars 1912), 2, Geo. V, chap. 73.

37. *P.-v.*, C.S.L. (1909-1915), p. 283 et Loi annexant une partie du territoire de la municipalité scolaire de la paroisse des Saints-Anges de Lachine dans le comté de Jacques-Cartier au territoire de la municipalité scolaire de la cité de Lachine dans le même comté, 3, Geo V, ch. 79 (21 déc. 1912).

Chapitre IV

1. A. Gélinas, *Chroniques lachinoises au temps de messire Savaria...,* *op. cit.*, p. 210 et 216.
   P.-v., C.S.L. (1909-1915), p. 390-392.

2. *P.-v.,* Commission scolaire du Très-Saint-Sacrement (1914-1918), p. 25.

3. *P.-v.*, C.S.T.-St-S., (1918-1936), p. 451 à 453, 469-470 et 527-529.

4. A.C.S.S.S.L., «Lettre de la C.S.T.-St-S. au surintendant de l'Instruction publique C.E. Delage», 29 nov. 1916, Fonds de Lachine, boîte 15 B.

5. *P.-v.,* C.S.T.St-S. (1914-1918), p. 241-242, 248-252, 255, 257-259.

6. *Ibid.,* p. 8, 17, 21, 22, 48 et 79.

7. A.C.S.S.S.L., Fonds Très-Saint-Sacrement, boîte 25 A, «rapport des commissaires d'écoles de la municipalité scolaire du Très-Saint-Sacrement, 1927-1928».

8. *P.-v.*, C.S.L. (1926-1935), p. 41.

9. T. Copp, *op. cit.*, p. 39.

10. T. Copp, *op. cit.*, p. 41, le tableau est reproduit intégralement. Les salaires des commissions scolaires à Lachine sont de l'année scolaire 1927-1928 tandis que les données de Terry Copp valent pour l'année 1928-1929. Notre comparaison doit être interprétée avec

précaution et à titre indicatif.

11. Voir A.H.V.L,, documents historiques, boîte 3, Cote: HR: 01-26, *Bulletin paroissial des Saints-Anges de Lachine*, vol. V, n°. 7, août 1915, p. 3-5. *P.-v.*, C.S.L. (1926-1935), p. 127-129, 178 et 179.

12. Nicole Thivierge, *Écoles ménagères et instituts familiaux: un modèle féminin traditionnel*, Québec, IQRC, 1982, p. 176.

13. *P.-v.*, C.S.L. (1926-1935), p. 181.

Chapitre V

1. A.C.S.S.L., *p.-v.*, municipalité scolaire de la paroisse des Saints-Anges de Lachine (1894 à 1912), p. 82-83.

2. *Ibid.,* p. 123.

3. *Ibid.,* p. 171.

4. *Ibid.,* p. 188.

5. *Ibid.,* p. 212, 214, 216.

6. La plupart des informations du chapitre V proviennent des procès-verbaux des réunions des commissaires d'écoles. Voir également, D. Gravel, C. Couture et J.M. Grenier, *op. cit.*, p. 84 à 88.
   Programme-souvenir du jubilé d'argent de la paroisse Saint-Nazaire 1916-1941, Ville de LaSalle, 1941.
   Paroisse Notre-Dame-du-Sacré-Cœur, 1927-1977, LaSalle (brochure), 1977.

7. D'après une déclaration assermentée du secrétaire-trésorier Frédéric Lafleur Sr., 20 juin 1914, archives de Ville de LaSalle.

8. La population de LaSalle est en 1954, de 15 317, en 1964 de 38 422 et en 1971 de 72 916 habitants.
   Rapport financier de la Ville de LaSalle, 1965, p. 37;
   Rapport financier de la Ville de LaSalle, 1971.
   Ces informations sont reprises de manière plus élaborée dans: D. Gravel, C. Couture et J.M. Grenier, *op. cit.*, p. 80 à 85, 116, 128 et 164 à 169.

9. A.C.S.S.S.L., *p.-v.*, C.S.S.A.L. (1894 à 1918), p. 275, 282, 290, 299 à 301, 304, 310 et 318.

10. C.-C. Lapierre avait triomphé de justesse du maire sortant C.P. Newman par deux voix seulement soit, 46 contre 44, voir *La Presse,* 2 fév. 1915, p. 7.

11. Archives de Ville de LaSalle, *p.-v.*, réunions du Conseil municipal de LaSalle, 7 avril 1915, p. 217 à 221.

12. *Ibid.*, 21 avril 1915, p. 228.

13. *Ibid.*, 4 mars 1914, p. 103.

14. Albert Gravel est secrétaire-trésorier de la Ville et de la Commission scolaire de LaSalle à l'époque.

Chapitre VI

1. Selon une monographie: *Ville Saint-Pierre 1908-1983*, Sherbrooke, albums souvenirs québécois, 1984, p. 64.
   Le coteau Saint-Pierre avait reçu un avis du gouvernement (n° 369.91) du bureau du secrétaire de Québec le 27 juillet 1891 du département de l'Instruction publique pour détacher de la municipalité scolaire de Notre-Dame de Montréal-Ouest (comté d'Hochelaga) quelques numéros de cadastres de la paroisse de Montréal. Ces numéros seraient devenus la municipalité scolaire distincte de coteau Saint-Pierre.
   Nous avons retracé les fondements mêmes des commissions scolaires à Lachine. Un travail pourrait être entrepris du côté de la municipalité scolaire de Saint-Pierre-aux-Liens.

2. Voir les lois de l'Instruction publique de la province de Québec, Statuts refondus,, 1er juil. 1894, chap. IV, section II, des écoles publiques, des commissaires et des syndics d'écoles, durée de la charge des commissaires et des syndics, p. 50.

3. *P.-v.*, Commission scolaire de Saint-Pierre-aux-Liens (1894-1911), 10 juil. 1910, p. 240.

4. *P.-v.*, C.S.St-P.-A.-L. (1894-1911), 14 sept. 1910, p. 250-251.

5. *P.-v.*, C.S.St-P.-A.-L. (1894-1911), 24 avril 1913, p. 37.

6. A.C.S.S.S.L., «Lettre du surintendant Boucher de La Bruère aux commissaires d'écoles», 15 mai 1895.

7. Cet exemple est tiré de l'ouvrage de Terry Copp, *op. cit.*, p. 68.

8. Voir la Loi de l'Instruction publique en 1870. Pour la rédaction de cette question sur l'intégration des élèves de la communauté juive, voir également L.-.P. Audet, *Histoire de l'enseignement au Québec*, Tome II, p. 364-365.

Chapitre VII

1. Jean Hamelin et Yves Roby, *Histoire économique du Québec, 1851-1896*, Montréal, Fides, 1971, p. 298.

2. Jean Hamelin, Paul Larocque et Jacques Rouillard, *Répertoire des grèves de la province du Québec au XIXᵉ siècle*, Montréal, P.H.E.C., 1970, p. 59, 77, 92-93.

3. Fernand Harvey, *Révolution industrielle et travailleurs*, Montréal, Boréal Express, 1978, p. 88.

4. Cité par F. Harvey, *op. cit.*, p. 157 à 181. Voir entre autres le cas de J.-M. Fortier de Montréal fabricant de cigares.

5. A.C.S.S.S.L., *p.-v.*, C.S.L. (1894-1909), p. 254 et *Livre des recettes,* 1910-1953, copie du rapport de la caisse d'économie scolaire, 27 février 1911.

6. A.C.S.S.S.L., fonds du Très-Saint-Sacrement, boîte 15 B, «rapports de l'inspecteur d'écoles Le Rouzès, 1931, 1933, 1937» et *p.-v.*, C.S.T.-S.-S. (1936-1951), p. 16.

7. Pour compléter les informations sur les programmes scolaires chez les catholiques ou chez les protestants et sur l'évolution du système scolaire québécois, voir L.-P. Audet, *Histoire de l'enseignement au Québec*, Tome II, p. 270 à 292.

8. Au sujet de la querelle de l'instruction obligatoire, voir L.-P.

Audet, *Histoire de l'enseignement au Québec*, Tome II, p. 247 à 256 et James Iain Gow, *Histoire de l'administration publique québécoise 1867-1970*, Montréal, PUM/IAPC, 1986, p. 131 à 133.

Selon le témoignage de M. Roland Boisvert de la Commission scolaire de Lachine, celle-ci crée vers 1953, un secteur classique à partir de la quatrième année du cours classique. Ceci permet à des élèves de familles moins fortunées l'accès au collège et à l'université. C'est, selon M. Boisvert, une étape vers la démocratisation de l'enseignement et la Commission scolaire de Lachine a mis le bureau du premier ministre Duplessis devant le fait accompli.

9. Pour la rédaction de ce chapitre, l'ouvrage de Terry Copp, *Classe ouvrière et pauvreté*, nous fut très utile.

10. *P.-v.*, C.S.L. (1909-1915), p. 207-208.

11. A.H.V.L., *Règlement 131*, concernant la santé et la salubrité publique, 16 sept. 1909;
Règlement 155, du conseil de la cité de Lachine pour rendre la vaccination et la revaccination obligatoire dans les limites de la cité de Lachine, 4 mai 1911;
Règlement 246, concernant l'inspection du lait, 31 mai 1917.

12. La volonté de la municipalité dépend directement de ses moyens financiers. Les cités et villes n'investissent que très peu finalement pour préserver la santé sauf en cas d'épidémie; ce n'est pas une priorité. Voir T. Copp, *op. cit.*, 102.
Pour avoir une idée sur la situation à LaSalle, voir D. Gravel C. Couture et J.-M. Grenier, *op. cit.*, p. 97 à 102.

13. La situation était la même à St-Pierre. L'école des filles sert d'hôpital d'urgence, voir *Ville St-Pierre 1908-1983, op. cit.*, p. 64.
Catherine Boutin et Chantal Gautier, *Une histoire de santé (1913-1988),* Lachine, Graphique Couleur, 1988, p. 15.

14. T. Copp, *op. cit.*, p. 103.

Pour connaître la situation réelle à Lachine, LaSalle et Saint-Pierre, il faudrait faire une recherche très approfondie des recensements fédéraux et des registres de naissances et de décès dans les paroisses.

15. À partir de 1914, la qualité de l'eau à Montréal s'améliore nettement; mais à Lachine quelle était la qualité de l'eau fournie par le système indépendant de celui de Montréal? Nous savons qu'en 1917 la municipalité de Lachine prend des mesures sur la qualité du lait. Quels ont été les effets réels des inspections de la cité de Lachine? Il manque des données précieuses sur cette question.

16. A.C.S.S.S.L., Fonds de Lachine, boîte 49 B, «rapport du bureau d'hygième à la C.S.L.», 30 mai 1928.

17. *Ibid.,* «rapport d'inspection médicale du docteur Sylvio Roch», 31 juillet 1930 et «lettre du directeur du bureau d'hygiène, M. Sylvio Roch à la C.S.L».

18. *Ibid.,* «rapport d'inspection médicale du Dr Sylvio Roch», 23 juillet 1931, 23 août 1934 et «lettre du Dr S. Roch», 13 sept. 1934.

19. *P.-v.,* C.S.T.St-S. (1918-1936), p. 915.

20. *P.-v.,* C.S.T.St-S. (1936-1951), p. 169-170.

21. *P.-v.,* C.S. de LaSalle (1926 à 1938), 13 déc. 1926.

22. Entre les années 1900 et 1935, la question du régime de tempérance a soulevé les passions à Lachine, à LaSalle et à Saint-Pierre. La boisson forte a causé bien des maux au sein de la population. Saint-Pierre, entre 1900 et 1910, l'alcoolisme atteint les adolescents de 12 à 13 ans *(Ville St-Pierre 1908-1983), op. cit.,* p. 66.
À LaSalle, le règlement 6 interdit la vente de toute boisson enivrante depuis 1912. Lachine, les règlements sur le sujet sont adoptés puis défaits quelques années plus tard. A.H.V.L., *règlement 206,* prohibant la vente de liqueurs enivrantes dans la cité de Lachine, 9 sept. 1915.

Règlement 288, révoquant le règlement prohibant la vente de liqueurs enivrantes dans la cité de Lachine, 15 mai 1919. Pour connaître la situation particulière à LaSalle, voir: D. Gravel, C.Couture et J.-M. Grenier, *op. cit.*, p. 38-39, 95 à 97.

Chapitre VIII

1. *Recensement fédéral*, Ottawa, 1951, p. 23-30.

2. P.-A. Linteau, R. Durocher, J.-C. Robert, et François Ricard, *Histoire du Québec contemporain. Le Québec depuis 1930*. Saint-Laurent, Boréal, 1986, p. 199.

3. *P.-v.*, C.S.T.-St-S. (1936-1951), p. 477, 102, 213-214 et 423. *Cinquantenaire de la paroisse du Très-Saint-Sacrement*(album souvenir), p. 67.

4. *P.-v.*, C.S.T.-St-S. (1951-1954), p. 224, 236 261-262; *p.-v.*, C.S.T.-St-S. (1954-1957), p. 34, 36, 179, 185 *Cinquantenaire de la ..., op. cit.*, p. 59-60, 71.

5. *P.-v.*, C.S.L. (1958-1964), p. 887-888.

6. *Ibid.*

7. *P.-v.* C.S.L. (1951-1958), p. 1089. Le vote est de 3 contre 2. Pour: Jacques Viau, Joseph Fillion et Joseph Fillion en tant que président temporaire; contre: Donat Beauchamp, Patrick McCall.

8. *P.-v.*, C.S.L. (1951-1958), p. 1091, 1095.

9. *P.-v.*, C.S.L. (1951-1958), p. 1137-1138. *P.-v.*, C.S.L. (1958-1964), p. 1222-1223, 1243, 1276.

10. Pour cette partie sur les enfants de Kahnawake, voir: *p.-v.*, C.S.L. (1958-1964), p. 423-424, 563, 1358, 1375, 1404, 1407. C.S.L. (1951-1958), p. 508-509, 859, 905, 942, 1282, 1428.

11. *P.-v.*, C.S.T.-St-S. (1936-1951), p. 61-62.

12. *P.-v.*, C.S.L. (1935-1944), p. 374-388.

13. *P.-v.*, C.S.T.-St-S. (1936-1951), p. 279 à 283.

14. *P.-v.*, C.S.L. (1944-1951), p. 96 à 104.

15. *P.-v.*, C.S. LaSalle (1946-1952), 5 mai 1947, p. 46-52.

16. *P.-v.,* C.S.L. (1951-1958), p. 697 à 700.

17. D'après Pierre Dionne, *Analyse historique de la corporation des enseignants du Québec 1836-1968,* mémoire de maîtrise (Relations industrielles), Université de Laval, 1969, p. 144.

Chapitre IX

1. L.-P. Audet, *Histoire de l'enseignement au Québec,* tome II, p. 401 à 403.

2. *P.-v.* C.S.L. (1958-1964), p. 2046-2047.

3. *Le Messager de LaSalle,* 3 oct. 1963, p. 15 et 31 oct., 1963, p. 5.

4. *P.-v.* C.S.L. (1964-1969), p. 2372.

5. *Le Messager de LaSalle,* 8 mars 1967, p. 9.

6. *P.-v.* C.S.L. (1964-1969), p. 2872, 2920.

7. *P.-v.* C.S.T.St-S. (1967-1970), p. 190.

8. *P.-v.* C.S.L. (1971-1973), p. 3784.

9. A.C.S.S.S.L., Album-souvenir, *Inauguration officielle du centre administratif,* mai 1981, p. 4,.

10. Voir *Le Messager de LaSalle,* 4 sept. 1973, p. 9, 11; sept. 1973, p. 3 et *Le Messager de Lachine,* 12 sept. 1973, p. 1.

11. *P.-v.*, Comité d'implantation (1973), p. 75-76.

12. Au sujet du comité d'implantation, voir. *p.-v., op. cit.,* p. 1,2,11,18,19,21.
    M. Bernard Gélinas est remplacé par le secrétaire-trésorier de la C.S. du Très-Saint-Sacrement, M. Arthur Poirier, *p.-v., op. cit.,* p. 66-67.

13. *Le Messager de Lachine,* 4 janv. 1973, p. 2.

14. *Le Messager de LaSalle,* 17 avril 1973, p.1.

15. *P.-v.*, Conseil d'administration (1973-1974), p. 1, 21-22.

Album souvenir, *ibid.*, p. 2 et 5.

P.-v., conseil des commissaires de la C.S.S.S.L. (1973-1974), p. 43.

16. Pour la rédaction de cette partie sur l'histoire du service aux adultes nous avons consulté:

Commission d'étude sur la formation des adultes (rapport Jean), *Apprendre: une action volontaire et responsable. Énoncé d'une politique globale de l'éducation des adultes dans la perspective d'éducation permanente.* Gouvernement du Québec, 1982.

Commission d'étude sur la formation des adultes (rapport Jean), *L'éducation des adultes au Québec depuis 1850: points de repères, annexe I.* Montréal, Gouvernement du Québec, 1982.

Rapport annuel 76-77, Commission scolaire du Sault-Saint-Louis

Rapport annuel 77-78, Commission scolaire du Sault-Saint-Louis

Rapport annuel 78-79, Commission scolaire du Sault-Saint-Louis

Rapport annuel 79-80, Commission scolaire du Sault-Saint-Louis

Rapport annuel 80-81, Commission scolaire du Sault-Saint-Louis

Rapport annuel 81-82, Commission scolaire du Sault-Saint-Louis

17. Les informations:

Le Messager de LaSalle, 28 juin 1977

Le Messager de LaSalle, 12 juillet 1977, 22 fév. 1978

Le Point, 22 février 1978

Le Point, 5 avril 1978

Le Point, octobre 1978.

18. Loi sur l'instruction publique, loi 107, c. 89, 1988.

19. Pour mieux connaître les objectifs et le fonctionnement du collège Saint-Louis, voir:

Robert Goyer, «Le collège Saint-Louis: une école secondaire d'éducation internationale», allocution prononcée au *Colloque Education: le temps des solutions*, 30 avril 1988, au Centre d'arts d'Orford, document photocopié, Service des adultes, Commission scolaire du Sault-Saint-Louis.

INDEX ONOMASTIQUE

T

V

TABLE DES MATIÈRES

Achevé d'imprimer sur les presses
de l'imprimerie INTERGLOBE Inc.
Beauceville-Est (Québec)
OCTOBRE 1989